Blue Ocean Strategy for Small and Mid-sized Companies

スモールカンパニー
「最速のブルー・オーシャン戦略」

Shoji Harada
原田将司

CROSSMEDIA PUBLISHING

第1章　関係価値の時代

第2章 イノベーションと価値のメカニズム

第3章 特別化の条件『4steps×4elements』

第4章 待望されるパラダイムシフト

第5章 社内の関係性を再構築する

プロローグ

忍び寄る大乱世突入の予兆

　前著『スモールカンパニー　本気の経営加速ノート』（2016年10月）が刊行されてから早３年が経ちました。

　時代は平成から令和になり、2020年、いよいよ東京オリンピックという一大イベントがやってきます。

　文字通り新しい時代の幕開けを迎えた、という空気が世間に満ちているように感じます。

　しかしその間、スモールカンパニーを取り巻く状況は二面性を帯びてきているようです。

　表面上は好景気感が漂っておりますが、実態は"好景気風、慢性的不景気症"とでも言いましょうか、景気マインドは改善してきたものの、国民生活の実態は相変わらずの慢性的不景気モードのまま、将来の見通しは暗く、リスクしか見えません。

　テクノロジー分野ではＡＩの実用化によって劇的にサービスが進化しています。株価は上昇し、不動産価格は高止まり、ユニコーン企業の台頭、ベンチャー企業の上場ラッシュ…。

確かに、景気を先導している一部の産業・企業は好景気の真っただ中にいますが、社会全体を見渡すと、多くの国民は、未だ景気回復の恩恵の外側にいます。

　2016年当時、日経平均株価は１万７千円前後で推移していましたが、2020年１月には、２万４千円超まで上昇しました。

　その一方で、例えば、国税庁の民間給与実態統計調査によると、給与所得者の年間平均給与は過去６年連続で上昇しているものの、ピーク時に比べれば、まだまだ下げ止まり感がぬぐえません。

　1991年は446万６千円だった給与所得が、97年に467万３千円まで上昇のピークを迎えてバブルが崩壊し、その後は下落へ転じました。

　2013年には413万６千円まで下落し、その高低差は53万７千円に拡大。
　2018年にはリーマンショック前の水準まで回復して、440万７千円になりましたが、それでもピーク時と比べると30万円近く減ったままの状態です。

0-1 1991〜2018年給与所得の推移

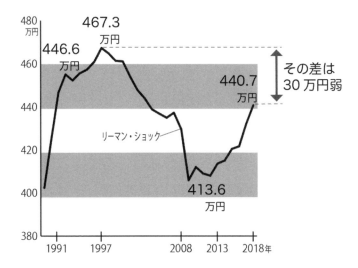

他にも様々な統計結果がこれと同じように、収入、とくに可処分所得の減収を示唆しています。

さらには静かに上昇を続ける社会保険関係の負担増を考慮すると、実質大幅減収の構造が膠着しているので、とても景気回復を実感できる環境ではないような気がします。

私の会社がある東京都新宿区神楽坂の飲食店街も、2016年頃までは、平日の夜は閑散としていましたが、

2019年夏現在では、平日の夜でも、人通りが絶えることはありません。

　数年前にはなかった光景で、景気は本当に回復したかのように見えます。

　しかしその一方で、こんな話もよく耳にします。

　近所の飲食店オーナーさんによれば、
「総客数を増やそうと努力すると、客単価はむしろ下落していく。今は価格を安くした店だけが繁盛している。でも、安くしても最近の人は食べない、飲まない。で、ずーっと話だけしている。ビール一杯で３時間…まいったね」と言います。

　タクシーに乗って運転手さんの話を聞いても、
「飲みに行くお客さんは、基本的に電車で帰るか、終電を過ぎたら漫画喫茶とかで泊っていく様子。長距離ならなおさら、深夜タクシーには乗らない。増えたのはワンメーターのちょい乗り客と、そのワンメーターをクレジットカードで支払う外国人客ばかり…まいったね」と言います。

　ちなみに、この飲食店のビールは一杯480円、都内の
タクシー初乗り運賃は全国最安値の420円から。

「そりゃ、まいりますよね」としか言いようがありませ
ん。

　皆さんの周囲ではいかがでしょうか。本当に日本の景
気は回復しているのでしょうか？

　現在の景気回復が本物か否かの解釈には百家争鳴で、
まだ世論がまとまっていないようですが、「景気は回復
していると信じたい」というスタンスで一致をみるとこ
ろでしょう。

　あえて、現状をポジティブに解釈するならば、「確か
に景気は回復しているが、その恩恵は二極化しており、
恩恵の内側と外側の温度差が生じている。とくにコンシ
ューマー向け産業では、その温度差に開きがある」とい
ったところでしょうか。

　いずれにせよ、私にはこの好調な感じの景気がいつま
でも続くようには思えません。
　むしろ、これから先は、とくにスモールカンパニーに

とって、勝ち組と負け組がはっきりと分かれる厳しい時代が訪れるのではないかと懸念しています。

その理由は二つあります。

一つは、日本の社会が抱える構造的問題です。

財政の借金体質、少子高齢化、医療や年金の問題は、何年も前から指摘されてきたにもかかわらず、実は何一つ解決されていません。というか、解決の道筋すら全く見えていない状況です。遂には、政策当事者から国民の老後資金が一人当たり2000万円も足りなくなるという試算が提示される始末。

表面的には景気回復が喧伝されていますが、足元では確実に格差社会が広がり、構造的問題がますます悪化しています。

以前はこの格差社会を揶揄して「勝ち組と負け組」などと言われてきましたが、今後はこれがさらに深刻化して「ボロ勝ち組とボロ負け組」となりそうな気配です。

　まさに社会全体の地殻変動が起こりつつあるのではないか？　という懸念が拭えません。

　構造的問題を克服しない限り、あるいは将来に向けて解決の目途を立てない限り、小手先の経済社会政策は砂上の楼閣となり、長くは続かないでしょう。

　また、国際社会の経済活動はボーダーレスとなり、相互依存を強めているのに、国際政治情勢は混沌の一途を辿り、バランスが難しく、より脆弱になってきているという点も見逃せない懸念のひとつでしょう。

　さらにもう一つは、ＡＩやロボティクスをはじめとするテクノロジーの進化が、イノベーションの津波となって社会全体のあり方を根底から覆す大変革が今まさに進行中です。

　従来のイノベーションはあくまでも持続的な技術の進歩に基づく革新であり、主に「改善」や「改良」によって、段階的に少しずつ良くなる、便利になるという程度の歩みでした。

　従来のこれを「持続的イノベーション」と言います。

対して、現在進行中のイノベーションは、前提条件そのものが一変する「破壊」と「創造」の革新であり、旧来の市場が、全く新しい市場に取って代わるというものです。

　今起きているこれを「破壊的イノベーション」といいます（※新旧イノベーションの違いについては第2章で詳しく説明します）。

　もちろん、ＡＩやロボティクスをうまく活用できるのであれば、それに越したことはありませんが、大半のスモールカンパニーはそうではありません。

　今はまだ、ＡＩやロボティクスなどのイノベーションを対岸の火事だと思っているかもしれませんが、この破壊的イノベーションによって駆逐されるのが、他ならぬ私たちスモールカンパニーであることに気づいていません。

　現状維持に甘んじているスモールカンパニーの多くが、そう遠くないうちに淘汰されていくのではないか、という懸念が現実味を帯びてきています。

　これから起こる破壊的なイノベーションにより、一部のクリエイティブで先進的な企業にとっては、未開拓成長市場のブルー・オーシャンが出現しますが、多くのスモールカンパニーは旧態依然の小さな成熟市場に追いやられて、小さなパイを奪い合っている状態、まさに血で血を洗う、“超レッド・オーシャン”になるでしょう。

　徐々に沸騰しつつある血の池地獄でゆでガエルとなり、熾烈な生存競争を余儀なくされるのです。

　私は創業以来15年間一貫して、スモールカンパニーの経営支援に携わってきましたが、昨今の経済社会の大変革を体感しながら、これからの未来は今までと同様の前提で思考してはいけないのではないか？　ということを強く感じています。

　これまでも大競争時代とは言われてきましたが、本格的な大乱世に突入するのは、実はこれからではないか？
　まさに“大ピンチ＆大チャンス到来”という不安と期待が入り混じっている状態です。

私たちはつい、無意識的に、過去をベースに物事を考えがちです。過去を振りかえって教訓から学び、過去から現在に至るまでの変化からパターンを見い出して、未来を見ようとします。年齢が高くなればなるほど、経験が蓄積されるので、この思考は強まります。

　そう、**私たちは"過去の延長線上に未来がある"と信じている**のです。

　でも、本当にそうでしょうか…？

第3の選択肢

今、様々な業界で大きな地殻変動が起きています。かつて巨大市場を席捲し、一時代を築いた強力な大企業が相次いで市場の第一線から退場し、突然現れたユニコーン企業にとって代わられるという様を目にすることが珍しくなくなりました。

　トレンドが変化して、一夜にして勢力図が塗り替わることも珍しくありません。突如現れた新しいライバルの勢いに気づいた時には、すでに負けが確定している。そんな感じです。

　過去からコツコツと積み上げた実績や経験が何の役にも立たないどころか、逆に仇となって自らを敗北に追い込む原因にさえなっていることは、近年における大企業の没落ぶりをみれば火をみるよりも明らかです。過去の延長線上には「未来」ではなく、「敗北」の二文字が横たわっていると考えるべきです。

　この急激な変革のうねりの前では、昨年と同じビジネスモデルで、昨対比○○％アップ！　などという現状維持思考で経営すること自体が、経営リスクになりつつあります。

　このことに気づいていない、もしくは気づいていたとしても、手をこまねいているようでは、ゆでガエルと化していくしかありません。沸騰する血の池地獄で完全にボイルされて泣きをみる破目になります。

　今はまだ、多くのスモールカンパニーの社長は実感していないかもしれませんが、実感した時にはすでに勝敗の決着がついているでしょう。

　実際のところ、多くのスモールカンパニーは、いまの景気回復に少なからず恩恵を受けていて、「何とかなっているから、儲かっているから、暫くはこのままでいい」という社長の思考が大半でしょう。

「このままでいい」というのは、「このままでありたい」という願望や希望的観測に他ならず、実のところ現状や将来に対して思考停止状態になっているのです。

　確かに、過去は苦しかったけれど、最近は売上が上がって良くなったとか、社員が増えて活気が出てきた、という話は私もよく見聞きします。

そうやって、景気の波に乗っかって戦術的なレベルで利益を出しているところは多々ありますが、大局的な観点から戦略を描いている経営者は非常に少ないと感じています。

　社会の構造的な問題が解決の道筋すら見い出せていないことに加え、破壊的なイノベーションの時代がやってきています。スモールカンパニーは、超レッド・オーシャン化していく血の池地獄でちゃぷちゃぷと遊んでいる場合ではないはずです。
「まだ、大丈夫」は「＝いずれ、ヤバくなる」と同義ではないでしょうか？

　例えば、昨今は大規模な自然災害が頻発し、その災害規模が徐々に大きくなりつつある、と言われていますが、これについては統計的な証明や具体的な証拠を提示されなくても、誰も異論を唱えないでしょう。

　大規模自然災害、大型の台風や地震は「いつかくるかも…」ではなく、「いつくるか？」という意識にシフトしてきていると思います。それがこない可能性を捨て、必ずくるだろうがそれはいつか？　という高い確実性を信じ始めています。

これと同じように、スモールカンパニーの経営者は思考を切り替えるべきタイミングがきています。例えばこんなふうに…

❶ 今後は、どの業界でも直接または間接的に社会情勢の変革、破壊的イノベーションの影響を受けて、今のビジネスが超成熟市場となり、厳しい競争を余儀なくされる。つまり、「今」の状態を維持できなくなるのは確実。

なので…

⬇⬇⬇

❷ 超成熟市場となる既存のビジネスでは、「成長」を前提とした戦略・戦術は通用しなくなる。

だから…

⬇⬇⬇

❸ 超成熟市場が完全に干上がらないうちに新しい市場（顧客・製品・サービス）を目指して今、舵を切らねばならない。

…で、どうする !?

スモールカンパニーの経営者は、寝ても覚めてもここに思考を巡らせて具体的な行動を大急ぎで起こす必要があります。

　日々、私たちは様々なイノベーションが現実世界を変えていく様を体感しながら、それらイノベーションを実現した企業が未開拓な成長市場、ブルー・オーシャンを創造し、急成長している実例を目撃しています。

　また、それと同時にイノベーションの外側にいる大半のスモールカンパニーは超過当競争の成熟市場、レッド・オーシャンへと追い詰められ、静かに消えていっています。

　現在は、活況のM＆A市場が収益性の低い廃業予備軍を売却候補企業（譲渡企業）として吸収しているので、倒産件数のような調査データにはまだハッキリと表れていませんが、この売り手市場が買い手市場に転じた時、散りゆくスモールカンパニーの件数が目立つことになるでしょう。実際のところ、M＆A市場では徐々に売り手市場から買い手市場になりつつあります。

　売れる企業というのは業況がだいたい決まっていますが、そういった出物は少なく、あればすぐに売れてしまうので、いつまでも売りに出ていません。

　つまり、今、売りに出ている企業（譲渡企業）の多くは、表向きは「後継者不在」を売却理由としていますが、実際は、自力では事業継続が難しくなりつつある、破綻へのカウントダウンを続ける廃業予備軍なのです。

　まさに今、スモールカンパニーはイノベーションか死か？　の二者択一を迫られる時代がきています。

　ほとんどのスモールカンパニーは既存市場の追従者なので、自らイノベーションを実現することは難しいでしょう。当然、その多くはイノベーションに駆逐される側に回るということになりますが、私は本書の中で、スモールカンパニーの終末論を唱えるつもりではありません。

　むしろ、自らがイノベーション（革新）を実現できなくても、自らをリノベーション（刷新・改革）することは必ずできます。
　これは「やるか・やらないか」だけの問題です。

たとえレッド・オーシャンへと追い詰められても、リノベーションによって生き残る道はあります。しかし、それはそれでハードルが高いので、追い詰められる前に先手を打って行動に出なければ、あとで泣きをみるのは時間の問題だと伝えたいのです。

　まだ、ライバルたちは「当面、このままでいける…」と踏んでいます。

　だからこそ、私たちは「このままではいけない！！」と先手を打って行動にでるチャンスが残されています。

　ライバルと同じ土俵、同じレッド・オーシャンの中にいても、自社だけに広がる新しいブルー・オーシャン（本書では「ブルー・スポット」と名づけています）へ向かって行動を起こしてほしい、そういう願いも込めて本書の執筆を進めました。

　本書を執筆中に新型コロナウイルスが世間で騒がれはじめて、原稿の最終チェックの段階に至っては世界のあちこちで非常事態宣言が出されるなどし、深刻な影響が出始めましたが、本書ではこの件にはとくに触れずにおきます。

　なぜなら、記憶に新しいところだけでも、SARS（重症急性呼吸器症候群）やリーマンショック、東日本大震災などの天変地異、重大事件というものは、そもそも、ある一定周期で起こりうるリスクであるし、これらの重大事件がトリガーとなってイノベーションが起きることも歴史が証明しているので、事件そのものを掘り下げても、私たちスモールカンパニーにはあまり意味がないからです。

　むしろ、こうやって突如起こる天変地異や重大事件がトリガーとなって引き起こされるイノベーションの方にフォーカスを当てて話を進めたいと思います。

　本書では従来説の「イノベーションか死か？」の二者択一の未来について「**第3の選択肢**」を提唱しています。
　それは、スモールカンパニーのリノベーション（刷新・改革）による「**特別化**」への道です。

0-2 第3の選択肢とは？

選択肢1	**イノベーションできる企業は…**

➡ブルー・オーシャンを創出！　➡成長の楽園へ

選択肢2	**イノベーションできない企業は…**

➡レッド・オーシャンへ転落　➡成熟市場の
　　　　　　　　　　　　　　　血の池地獄へ

★本書で伝えたい第3の選択肢

選択肢③	**イノベーションはできないけど、**
	リノベーションをする企業は…

➡特別化で　　　　　　　➡血の池地獄に
　残存者利益を独占する　　垂らされた蜘蛛の糸へ

旧時代　　　　　　第3の選択肢　　　　　新時代
イノベーションか ➡ **「特別化」** ➡ **リノベーションか**
死か？　　　　　　　　　　　　　　　　**死か？**

「特別化」の目的は、過当競争の環境において、顧客からは競合相手と比較されない特別なポジションを獲得して、残存者利益を独占することです。

　従来の競争環境の中では、一般的に製品・サービスの差別化戦略が有効だと信じられてきました。誰もが、自社のオリジナリティを出して競合との違いを強調しようと躍起になっていましたが、市場の成長が終わりを告げ、成熟化していくと、おのずと価格競争になり、そういった差別化だけでは立ち行かなくなります。

そこで、例えば、同じ製品・サービスであっても、売切り型の販売をやめて、従量課金型にしたり、無料化して広告収入型に切り替えるといったビジネスモデルの変更をしたり、機械的なマーケティングを駆使して、お色直しのブランディングでターゲット層を変更するなどの施策に打って出ますが、広い意味で言えば、それらもまだ差別化戦略の域内にあるわけです。

もちろん、差別化戦略がダメだというわけではありませんが、今後、それだけでは足りなくなります。

社会が構造的に抱える難題を解決するために、または、従来は空想だと思われていたような明るい未来を現実化するために、全く新しい価値観をもった若きイノベーターたちが果敢に挑んでいます。

多くのスモールカンパニーにとって、彼らが脅威となるのは時間の問題です。

今の時代、後発者が必ずしも未熟者とは限りません。近い将来、彼らは必ず、先行者が築いた既存市場に変革をもたらし、古い常識やルールを打破していくでしょう。

日々刻々と劇的な変化を遂げている潮流は、今、大きくなりつつあります。

　この潮流のうねりに飲み込まれることなく、スモールカンパニーが輝く個性を発揮して、明るい未来をつかみ取るためには、思考を切り替えて、新しい戦略で、新しい市場ポジションを獲得しなくてはなりません。

　より多くの皆さんが新しい思考と価値観に気づきを得て、自己成長の歩みと実感できる幸せをつかみ取ることを願っています。

　　　　　　令和2年　初春の候　原田将司

第**1**章

関係価値の時代

時代が求めているものは
人間力

　テクノロジーの加速度的な進歩によって、人々の生活や産業構造のあり方に大きな変革が促されています。

　商品やサービスに対するユーザーの価値基準も知らず知らずのうちに様変わりしており、私たちスモールカンパニーもビジネスにおける顧客との関係のあり方を見直す時が迫っています。

　時代の変化を俯瞰するならば、従来にも増して「目に見えないものに対する価値」を顧客が求めていることに気がつきます。

　少なくとも顧客がモノそのものに対して価値を置く時代は終わりました。

　モノはすでに飽和しているからです。

　例えば、新しい家電が売り出されたとして、デザインが新しくなったからとか、新しい機能がついているから欲しくなるというニーズは、相対的に低下してきています。

　小さな不便が改善されるというような、機能面だけが問われているわけではありません。

むしろ、その家電によってもたらされる付加価値の方が重要であり—コト—つまり、体験を通して人の感情に訴えかけてくる現象や状態を消費者は求めているのです。

　言い換えれば、モノそのものを所有する喜びや利便性よりも、製品コンセプトやつくり手の世界観、それを手に入れるまでのストーリーを評価し、他者と共有する喜びや、その後に起こる変化やイベントを期待しているのです。

　多くの業態において、「人」の感性を刺激し、共感や情緒に訴えるコトは、所有の喜びや利便性がもたらす利益にも増して、人の消費行動を左右する大きな要因になってきています。

　そのようなうねりの中で、大きな視座でビジネスを捉え直してみると、**「関係性」**こそが重要なファクターになってくることがわかります。

　ここでいう「関係性」とは、ビジネスを起点にしつつも、商材の売り買いだけにとどまらない顧客との関係のことをいいます。

　こういう「人」や「感情」の話になると、「ああ、個人客相手（BtoC）の商売の話だね。うちは法人客相手（BtoB）の仕事だから関係ない」と早合点をする読者の方もいるかもしれませんが、それは違います。

　確かにBtoCの消費財産業では顕著にその傾向が見て取れますが、私の会社も法人相手（BtoB）のビジネスをやっていますし、当社コンサルティング事業の支援先でも、私が別に経営するシステム開発会社やその取引先でも、同じような傾向が目立つようになってきています。

「とにかく安く！」の時代に終わりを告げ、「もちろん、安いに越したことはないが、それよりも、買わないで済む方法はないか？」とか、もしくは「買うなら、それをどこで（誰から）買うか？」という方に、ユーザーの選択志向は変化してきています。

　例えば、読者の皆さんは、よく行く飲食店、行くならあの店というような馴染みのお店はなんとなく決まっているのではないでしょうか。

　私は和洋韓中というジャンルごとにビジネスやプライベートでの目的に合わせて、行く店がほぼ決まっています。

味や接客、お店の雰囲気のどれをとっても失敗して嫌な思いをしたくないので、接待で和食系ならあのお店かな？　と頭に浮かぶお店は絞り込まれた数店だけです。

これと同じように、どちらの会社でも、印刷物などを頼む際は、いつも頼んでいる発注先は決まっているのではないでしょうか。

私の会社では、ほぼ相見積もりなしでお願いしている発注先が一社あります。

過去の取引で当社のニーズをよく知ってもらっていて、品質・対応ともに良いので、値段というよりは、安心確実な一社にお願いして検討の手間を節約しています。

どのような場合でも、私たちが何かを買う時、毎回、全く初めての新規先を選んでいる、ということはないはずです。

そう、**私たちユーザーの消費行動は必ずパターン化します。**

これは個人に限らず、法人・団体でも同じです。

たとえ法人間取引で相見積りをとって発注先を決めるとしても、実際には、過去に実績がある等、安心して頼めるところに必ず発注は偏ります。

　この顧客の消費行動、購買行動のパターンに入らなければ、モノは売れません。

　このパターンに入るためには、顧客との関係性が重要になってくるのは自明の理でしょう。

　今までにも、顧客と関係性を築けないと売れないものはありました。

　例えばウエディングプランや住宅などは、顧客にとっては生涯において何度も買うものではない一大イベントですので、意思決定に時間も手間もかかります。

　こういう業態では、顧客と丁寧に関係をつくって信頼を得ないと商談が前に進まないので、従来から、顧客との商談プロセスは、関係構築プロセスそのものであり、相手の信頼を得るために、関係性を戦術的に構築していたのです。

　機能や価格だけの優位性ではなく、顧客と丁寧に関係をつくって信頼を得ないと売れないモノは、これまでは高級商材に限られてきました。

しかし、イノベーションが流通、決済サービス等の多岐にわたり同時進行している中で、高級商材に限った話ではなくなり、消費財産業や各種サービス業は無論、生産財産業においても品質や価格だけでなく、関係性が問われていく時代に突入しています。

　これまでと同じやり方では「モノが売れなくなる時代」が、もうそこまで来ているのです。

「モノが売れなくなる時代」には、スモールカンパニーは「顧客との関係性」が一層問われるでしょう。

　これからの時代、関係性の構築は、スモールカンパニーにとって、営業レベルの戦術ではなく経営戦略の中心軸になる、と考えるのが自然な流れではないでしょうか？

人による、人のための、
人にしかできない
"何か（something）"

では、「関係性」とはいったい何でしょう？

　無形のものであるだけに実は説明が難しく曖昧な表現になるのですが、一言でいえば、**「関係性」とは「つながり」**です。

　この「つながり」は、ご縁、結びつき、という言葉で表されるように、相手との信頼関係がベースになっています。お互いの心理的距離を決定づける信頼度合いであり、コミュニケーションの質と密度によって醸成される関係です。

　顧客にとって「良い情報源」として信用されている状態であり、顧客から物事や成果を期待される、任される関係と言い換えることもできます。

　ですので、例えばこちらが商材の説明をしても「それって、どうせ商品を売るために言っているんでしょ？」と思われているうちは、情報源として信用も信頼もされていない状態といえます。
「あなたがそう言うのなら、そうか…」とこちらを情報源として信用してもらえる状態であれば、顧客も心理的距離を縮めて、より深い相談や依頼事をしやすくなりま

すし、こちらの提案を猜疑心なく受け入れてもらえるようになります。いわゆる「親身になって相談にのる」という状態です。

　無理に何かを売りつけようとせずとも、顧客にとって何がベストなのか？　実情をよく汲みとったうえで、支出が最小限で済むような合理的なアドバイスをすれば、おのずと顧客が消費行動をとる時にこちらを選択してもらえるようになる、そんな関係がこれまで以上に求められています。

　また、その親密度や心理的距離感は、顧客がどれくらい自分の実情を開示したか？　という顧客の自己開示度合いによって推測できますから、そういう深い話ができているか否かが、**コミュニケーションの質と密度**の尺度となります。

　決して、コミュニケーションの頻度ではなく、質と密度が関係性を測る尺度となる点だけはご注意ください。

1-1 コミュニケーションの密度とは？

また、関係構築にとって以下のキーワードとそれを体現する行動が重要です。

「心温まる何か」
「まごころ」
「やさしさ」
「思いやり」
「心遣い」といった言葉で言い表されるもの。

　また、それを体現する行動として、

「寄り添い・歩み寄り」
「相互理解」
「抱擁・寛容」
「共感・共有」といった言葉で表現できる〝共に何かを分かち合う行動〟。

　どうしても抽象度が高くなってしまうのですが、これは例えば、人を好きになるのに、それほど確固とした理由がない場合が多いのと同じです。

　恋愛に限らず、友人関係やビジネス関係において、相手に好意・好感をもつというのは、根本的には信頼を前提としたうえで〝なんとなくウマが合う〟とか〝フィーリングがしっくりくる〟など曖昧な理由の方が多いのです。
　好みの容姿や尊敬すべき能力、好意的な言動というは、明確な好感根拠だと感じるかもしれませんが、それらはあくまでも好意を抱くトリガーに過ぎず、根本的には直観や生理的なものであって、当人同士もわかっていないケースが多いものです。

そういった曖昧な感情や心理的な動きというのは、今までビジネスにおいてはほとんど無視されてきたのですが、実はそこにこそ深く大きな価値があり、今後重要になってくるであろう新たなビジネスリソースなのです。

　最近になって再認識されてきたVUCA※世界の広がりもこの流れと呼応しています。

　言い換えれば、ビジネススキルの時代は終焉し、これからは人（法人）としての人格や器が問われるということでもあります。

　テクノロジーの進歩によって「人によってのみ提供できる"何か（something）"」がより一層の価値をもち、それを提供できる器をもった人や企業との関わりそのものに価値がある、これを私は「関係価値」と呼んでいます。

　ビジネスでは、基本的に利害や損得勘定が重要ですが、今後はもう利害だけでは、あるいは損得勘定だけでは人は動かない、それ以上の"何か（something）"が、これからの超レッド・オーシャンを生きていくためには必要になってきています。

※VUCA変動性：Volatility、不確実性：Uncertainty、複雑性：Complexity、曖昧性：Ambiguity　の頭文字でつくられた言葉であり、現代の社会経済環境が予測不能な混沌とした状態であることを指す。

　一部のセンシティブな経営者たちはこれを感覚的に察知して、「価値観の見直しが必要」とか「資本主義から価値主義の時代へ」というようなことを言い出しています。

　最近よく耳にする、エシカル消費やフェアトレードといった言葉も、関係価値とは無縁ではありません。

　エシカル消費とは、人と社会、地球環境のことを考慮してつくられたモノを購入する消費形態です。消費者が価値を認めた妥当な値段で購入することにより、生産者や産業を保護して、共存共栄を実現しようという狙いがあります。

　また、流通段階でも仕入れ業者が生産者から安く買い叩くことなく、公正で適正な値段で購入する仕入れをフェアトレードといいます。

　これにより、生産者の生活改善や自立が支援され、不当で劣悪な環境での労働問題や自然環境の破壊を止めようという狙いがあります。

　一昔前であれば、エシカル消費もフェアトレードも、損得勘定の前では分が悪かったでしょう。正義はけっして購買動機とはならなかったからです。

しかし、思いやりや共感が購買動機となり得る時代が
きて、少しずつ浸透してきているようです。「人によっ
てのみ提供できる"何か（something）"」が価値として認
められるようになってきたのは、ＡＩやロボティクス等
のイノベーションの影響が大きいでしょう。

　今までのテクノロジーは、オートメーション（自動化）
でとどまっていたものが、これからはＡＩを駆使したオ
ートノミー（自律化）にまで踏み込んできます。

　オートメーションは、人が介在する部分を少なくして
省力化と生産効率の向上を目的としていました。これが
オートノミーになると、人の管理すら不要になります。
　オートメーション・オートノミー（自動化の自律化）の
時代は必ずやってきます。

　イメージとしては、ＡＩが指揮する世界中の各工場で
配置されたロボットがすべてを行う様子を、東京のコン
トロールセンターにいる数人の管理者がモニター越しに
眺めている光景でしょう。省力化どころの話ではなく、
「人とは何か？」という存在が問われるのです。

「人によってのみ提供できる "何か（something）"」が価値を生む背景には、こうしたテクノロジーの激烈な進化があるのです。

これらテクノロジーの進化を推し進める企業には、広大なブルー・オーシャンが待ち受けていますが、そうでない企業には脅威でしかなく、競争市場はさらに過当競争化していくことでしょう。

多くの産業において、レッド・オーシャン（成熟市場）がさらに激化して、超レッド・オーシャン（腐りかけの完熟市場）となるのはほぼ確実であり、時間の問題です。

その中で今後高まってくる価値は、「人によってのみ提供できる "何か（something）"」に違いありません。

経営資源の少ないスモールカンパニーは、意識を切り替えて、新たなリソースである「関係価値」に着目し、関係性の構築を経営戦略の中心軸に据えましょう。

それは「人による、人のための、人にしかできない "何か（something）"」なのです。

加速経営「E＝MS²」の
向かうべき方向性

　前作『スモールカンパニー　本気の経営加速ノート』
において、スモールカンパニーの経営における基本原則
として、経営を加速させるためには「E＝MS^2」という
概念が必要だと提唱しました。

　加速経営「E＝MS^2」とは、「企業の成長力（Energy
of business growth）は、商材価値（Merchandise value）と
事業展開速度（Speed of business）の2乗に比例する」と
いう考え方です。

　ここでいう商材とは、有形無形の製品やサービス全体
を指し、事業展開速度とは、商材価値を生み出してユー
ザーに届けるスピードのことです。

　スピードだけが2乗なのは、商材価値がライバルと同
じ程度だった場合でも、その供給力や販売展開のスピー
ドがライバルより早ければ成長の加速力になるという乗
数効果を示しています。

　今、経営者（事業責任者）として何に注力すればいいの
か、いつも目の前の事象に気をとられて、無意識的にブ
レてしまいがちだけれども、とにかく「商材の価値アッ
プ」と「事業のスピードアップ」に注力してほしい、こ
こがスモールカンパニーにとっての最重要ポイントであ
るということを解説しました。

これによって、スモールカンパニーでも、市場におい
て独自のポジショニングができるし、成長を加速するこ
とができます。

　また、この加速経営を阻害する要因を排除するため、
小さな経営を実現し最短で目標に辿り着くための「決！
断捨離」や、ブレず迷わず成長を加速させるための「社
長の品質管理」にも触れました。

　加速経営「$E = MS^2$」は、私自身の会社経営の経験と
コンサルタントとしての経営支援経験から導き出したも
のですが、経営環境が激変する今日でも適用できる概念
であり、スモールカンパニーを成長させる基本原則であ
ることに変わりはありません。

　しかし、この加速経営という基本原則だけでは、これ
からのスモールカンパニーの持続可能な経営は難しくな
ってきているのです。

　今、私たちスモールカンパニーは、破壊的イノベーシ
ョンによる大きな社会変革に直面しているからです。

　従来のビジネスにおける前提条件が根底から覆されるような経営環境において、スモールカンパニーは、これから、どこへ向かって加速すべきなのか？　やみくもに加速成長を目指す前に、向かうべきその方向性を明らかにする必要があります。

　その方向性こそ、本書の命題である**「特別化」**です。

　加速経営を推し進めても、それが「差別化」のステージに留まっているならば、近い将来、スモールカンパニーが置かれる経営環境が超レッド・オーシャンに変わった時には対応できなくなるので、差別化のさらに先にある「特別化」にいち早く舵を切るべきだ、ということです。

「特別化」とは、**顧客にとっての「別枠化」**とも言い換えられます。

「他にもいろいろ選択肢はあるけれど、あなた（御社）は別格だよ」と、顧客に認識してもらうということです。

　あるいは、「○○を食べに行くなら…、○○を依頼するなら…、○○なら、あなた（御社）にしたい」と思っ

てもらえるような存在になる、そういう関係を築く、ということです。

「特別化」というと、オンリーワンと同義だと誤解される方がいるかもしれませんが、少し違います。

　似たような言葉で混同しやすいので、次のように理解してください。

☆オンリーワンとは、他にはない。唯一無二の存在。
☆特別化とは、他にもあるけど、その中でも別枠扱い。

　繰り返しますが、勝ち組となれるのは、比類なきイノベーションを実現できる一握りの企業だけであり、斬新奇抜で唯一無二、オンリーワンのポジションを獲得して、新たな成長市場を開拓するブルー・オーシャンへ漕ぎ出す企業のみです。

　反対に、イノベーションを起こせない大半の企業、とくにスモールカンパニーは、超レッド・オーシャンの中で駆逐されるか、自らをリノベーションすることで特別化へ到達し、独自のポジションを確保するか、の二者択一の未来しか残されていません。

1-2 イノベーションより、リノベーション

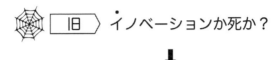 旧 〉イノベーションか死か？

↓

 **第3の選択肢** 「特別化」

↓

新 〉リノベーションか死か？

大木は大地に根を
張っている

　私はよく、経済社会環境を森に例えてその根本の成り
立ちやあり方を考えています。

　成熟市場で何百年も生き延びてきた長寿企業や、着実
に成長を続けてきた大企業は、例えるなら森の中で確固
たる地位を確立した大木にあたるでしょう。

　大木はしっかりと大地に根を張って、大きな幹を育て
上げています。

　幹はビジネスの質と規模にあたり、いわゆる「事業構
造（ビジネスモデル）」であり、「誰を対象にどんな事業を
するか？」という最も根幹をなす部分です。

　大木から無数に伸びる枝葉は、様々な経営機能（部門）
や経営施策であり、光合成を繰り返して生産活動を行い
ます。営業やマーケティング、技術や品質などがこれに
あたり、ここは情報と知恵の勝負になります。

　そして、根っこはまさにビジネスの成長に栄養を与え
る大切な土台となる部分であり、人間でいえばよく血液
に例えられる資金や売上、お金が発生する大切な部分で
す。

　自己資金や売上のもととなる「顧客との関係性」もこ
こにあたるでしょう。

つまり、顧客との良好な関係が売上＝お金を生み、企業の栄養として幹を伝って様々な経営機能・施策の実現に貢献し、企業の生産活動を促すという仕組みに例えて考えることができます。

　この大切な根っこの部分は、関係価値（関係性）を高めることで、経営基盤を盤石なものにして、さらなる成長を実現する出発地点とも言えます。

　どんな企業であれ、創業時は発芽したばかりの種みたいなもので、種子に含まれる栄養（自己資金）は最初の芽を出す程度の力しかなく、その先は顧客からの売上を得なければ、会社は生き残ることができないのと同じです。

　だから、根っこは「資金」「売上」＝「顧客との関係性」に例えることができるでしょう。

　そしてこの大切な根っこの強化は、どんなに小さなスモールカンパニーであっても、とことんやれば必ずしっかりしてきます。

　発芽したばかりの小さな種が、いきなり枝葉を伸ばせなくても、少し根を張ることができるのと同じです。

1-3　大木になるために

（光合成）
生産活動

様々な
経営機能
経営施策

情報と知恵の勝負

ビジネスモデル
事業構造

誰を対象に
どんな事業を
するか？

顧客との関係性 資金や売上など

従来は、枝葉の部分をどうするのかが大きな経営課題として捉えられていました。

　営業やマーケティング、技術や品質をどう向上させるかが、顧客開拓になり売上になる、それが経営の核心だと思われていました。

　しかし、一番肝心なのは、根っこの部分である「顧客との関係性をどう構築するか」をデザインすることです。
　ここを定めて初めて、営業やマーケティングのあり方、必要な技術や品質向上の方向性が定まるものであって、ここを経営の最優先課題として取り上げるべきなのです。

　経営学の父、ピーター・F・ドラッカーの有名な一説に「企業の目的として有効な定義は一つしかない。顧客の創造である」とあります。

　これはまさに本書でいう「顧客との関係価値（関係性）を高める」という意味を内包していると私は考えています。

　顧客の創造こそが企業存続の根本であることに誰も違和感を覚えないでしょう。

　私が本書で皆さんに伝えたいのは、この根っこをしっかり張るために「今こそ、スモールカンパニーは、特別化に向けて自らを再起動しましょう」ということです。

1-4　特別化への道

① 経営資源を再起動してE＝MS²に注力する
　（商材価値アップとスピードアップに集中する）

前書の話

② 「新しい関係価値を生む」
　（ヘビーリピーターのロイヤルファンを生み出す）

③ 「特別化（別枠化）」
　（ロイヤルファンが新しいファンを連れてくる）

本書の内容

残存者利益を独占！！
（ これがスモールカンパニーの生存戦略
＝「ブルー・スポット戦略」 ）

特別化とは新しい経営メソッドの話ではなく、経営の根っこの部分にあたり、これまでも、これからも、この先何十年と有効な概念であると言えます。

　ですので、これからの「顧客との新しい関係構築＝特別化への取り組み」は、企業のカルチャーやマインド、フィロソフィーといったレベルにまで昇華させて取り組むべき経営の本質的課題になります。

　前作では、森の生態系を例に出して、中小企業の存在意義を説明しました。

　森は、大きな木々だけで成り立っているのではなく、小さな木や草や花があって、初めて生態系が豊かになるものです。同じように我々がいる経済社会も、大企業だけでなく、中小・零細企業が元気に存在することで社会全体が豊かになるのです。

　この考えは今もまったく変わっていません。

　世の中を支えているのは、多くの中小・零細企業、私たちスモールカンパニーです。

そのスモールカンパニーがレッド・オーシャンで駆逐されることは社会の生態系を乱し、世の中にとって大きなマイナスでしかありません。

だからこそ、「特別化」に向かうことでスモールカンパニーには、市場で"小粒でもキラリと輝く存在感"を放ってほしいと思っているのです。

大木はしっかりと大地に根を張っています。

しっかりと根を張るから大木になれたのです。

これまで、私たちスモールカンパニーは、最も重要な経営資源である経営者の「思考」を、枝葉の課題にばかり振り回されて、知らず知らずのうちに奪われてきたのではないでしょうか？

そのことにいち早く気づき、手を打つことが、今、必要なのです。

第2章

イノベーションと
価値のメカニズム

第1章では、モノはすでに飽和し、人にしか提供できない"何か（something）"＝コトが価値をもちはじめており、それは人と人の信頼をベースにした関係性（つながり）の中で生み出されるものであると説き、これを「関係価値」という言葉で表しました。

　そして、この関係価値を高めることで顧客にとって特別な存在になり、別枠扱いされることを目指す「特別化」こそが、スモールカンパニーが加速経営で向かうべき方向性である、ということをご紹介しました。

　この章では、「価値」とはいったい何なのか、価値が増えたり減ったりするのはなぜなのか、イノベーションによってどのような影響を受けるのかという視点で、価値の正体とメカニズムを紐解いてみたいと思います。

　一般的なプロダクトライフサイクルにおける価値の変遷を、イノベーションの影響と照らしながら順を追ってみていきましょう。

価値に栄枯盛衰あり

2-1 価値に栄枯盛衰あり

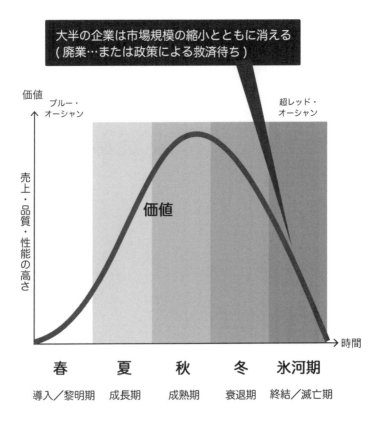

大半の企業は市場規模の縮小とともに消える
（廃業…または政策による救済待ち）

価値

ブルー・
オーシャン

超レッド・
オーシャン

売上・品質・性能の高さ

価値

時間

春	夏	秋	冬	氷河期
導入／黎明期	成長期	成熟期	衰退期	終結／滅亡期

　図2−1はプロダクトライフサイクルに価値曲線を重ねたグラフです。

　縦軸は製品サービスの市場価値（需要、品質・性能水準など）の高さを、横軸は時間の経過を表しています。

　プロダクトライフサイクルとは、ある製品やサービスが市場に投入（発売）されてから、普及し衰退していくまでの一連のプロセスを示すもので、価値曲線とは、製品やサービスが顧客に与える価値、需要の高低を曲線で描いたものです。

　この二つを重ねてみることで、製品やサービス価値が、プロダクトライフサイクル上でどう変化していくのかがわかります。

　製品化当初の導入期（春）は、市場での認知が低いため一部のユーザーしか価値を実感することができないので、価値曲線は低い位置からスタートしています。

　一定数の顧客への認知が広まり支持を得ることで成長期（夏）に入り、市場全体に普及しながら市場価値は増大していきます。

そして、ある程度市場全体に浸透し、飽和してくると価値の増大は頭打ちとなり成熟期（秋）を迎えます。ここからライバルの撤退が相次いできます。

飽和した市場では価格競争が激化していき、ますます価値が低下していくことで衰退期（冬）を迎えます。

最終的には市場が消滅するか、もしくは僅かに残った市場で激しい消耗戦が繰り返されて終結期を迎えてプロダクトライフサイクルはその一生を終えます。

製品サービスの価値には、導入期から終結期への一連のサイクルがあるのです。

2-2 価値の栄枯盛衰はユーザーが決める

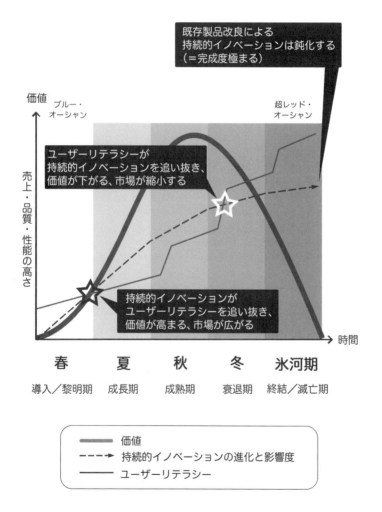

既存製品改良による
持続的イノベーションは鈍化する
（＝完成度極まる）

価値

ブルー・
オーシャン

超レッド・
オーシャン

売上・品質・性能の高さ

ユーザーリテラシーが
持続的イノベーションを追い抜き、
価値が下がる、市場が縮小する

持続的イノベーションが
ユーザーリテラシーを追い抜き、
価値が高まる、市場が広がる

時間

春	夏	秋	冬	氷河期
導入／黎明期	成長期	成熟期	衰退期	終結／滅亡期

——— 価値
---➤ 持続的イノベーションの進化と影響度
——— ユーザーリテラシー

さらに図２－２（前頁）では、従来型の持続的イノベーションの進化とその影響度を示す点と、ユーザーリテラシーの水準を示す実線を重ねてみると価値曲線の推移がなぜ、そうなるのかがわかります。

　●持続的イノベーションとは、既存技術が少しずつ進化することで、製品やサービスが徐々に改良されることです。
　●ユーザーリテラシーとは、顧客がその製品やサービスを使いこなして満足を得ることができる能力のことです。ここでは顧客満足の基準値としてその推移を表しています。

　製品化当初、持続的イノベーションは徐々に角度を上げながら進化していき、ユーザーリテラシーを追い抜いたところで市場に価値が認められ、一気に価値曲線を押し上げて成長期に入ります（**成長期の黒☆**）。

　ユーザーリテラシーは時間の経過とともに習熟度が増して徐々に上がっていきますが、これはゆっくりとしたスピードです。

　成長期から成熟期にかけては、ユーザーリテラシーも徐々にイノベーションに追いついて上昇していきますが、イノベーションが勝っている間は価値の増大が続きます。ユーザーリテラシーが持続的イノベーションに追いつかず、市場では「これ、すごい！」などと言われている状態です。例えていうなら、薄型の液晶テレビが登場して市場に大きなインパクトを与えた時の状態です。

　しかし、テレビがハイビジョンとなり、４Ｋや８Ｋへと、とんでもない高解像度へと進化を続け、素晴らしい製品改良が進んでいきますが、液晶テレビ登場時のインパクトはなくなり、メーカーと消費者の温度差は乖離していきます。

　技術が少しずつ進化することで製品が改良され、品質・性能、価値が高まっているわけですが、一部のユーザーを除き、大半のユーザーが映像技術の革新である４Ｋや８Ｋがとてもきれいな画質を実現しているのはわかるが、それが何をもたらしてくれるのかわからない、その有用性を実感しきれていない、といったような状況下では、ユーザーのリテラシーは持続的なイノベーションに追いついておらず、製品の進化とユーザーリテラシーの間に差が生じています。これが既存のプレーヤーが優位性を保っていた市場です。

しかし、図2－2、2－3のようにユーザーリテラシーは一定の習熟期間を経ると階段状に一気に上がるので、やがて持続的イノベーションの影響度を追い越してしまいます（**衰退期の白☆**）。

　家庭用テレビとしては、単純にハイビジョンよりもきれいな画質というだけであり、もしテレビを買い替えるのなら次は4Kにしようかな、という程度の話題です。

　しかし、それがカメラとセットになると、顔認証技術の応用製品として、表情の判別ができるレベルの防犯映像であるとか、来店客やスタッフ管理などのビジネスシステムへと使途を広げることに気づきはじめます。

　ユーザーが4Kをテレビだけでなく、カメラとセットで理解しはじめることで、それら機器の有用性に気づき、製品仕様や操作に習熟していくので、ユーザーのリテラシーは格段に進歩していきます。

　そして、遂にはあれが不便、これがダメ、もっとこうならないのかなぁ？　と不満を噴出させる域まで到達します。

　この段階までくると、持続的イノベーションは技術的完成度が高まるので進化が鈍化していき、新しい価値を生み出せなくなり、価値曲線は下降の一途を辿ります。このようにして、製品サービス価値の栄枯盛衰はユーザーリテラシーで決まるのです。

2-3　価値の栄枯盛衰と戦略

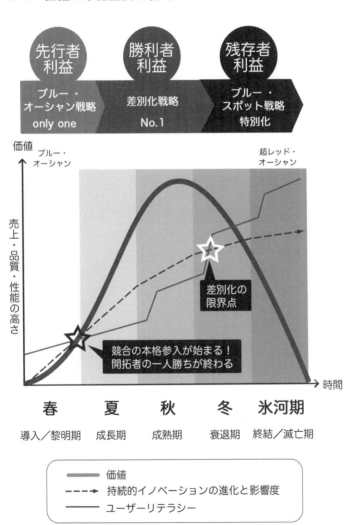

先行者
利益

勝利者
利益

残存者
利益

ブルー・
オーシャン戦略
only one

差別化戦略
No.1

ブルー・
スポット戦略
特別化

価値

ブルー・
オーシャン

超レッド・
オーシャン

売上・品質・性能の高さ

差別化の
限界点

競合の本格参入が始まる！
開拓者の一人勝ちが終わる

時間

春	夏	秋	冬	氷河期
導入／黎明期	成長期	成熟期	衰退期	終結／滅亡期

価値

持続的イノベーションの進化と影響度

ユーザーリテラシー

そして、図2-3のように戦略案を重ねてみますと、有効な戦略がステージごとに変わってくるのがわかります。

　導入期（春）はブルー・オーシャン戦略からはじまり、ライバルがいない新市場なので「先行者利益」を得ます。

　成長期（夏）に入り市場が広がると、ライバルの参入が相次いで本格的な競争環境に突入し、差別化戦略が有効になり、この中でうまく差別化に成功した企業は「勝利者利益」を得ます。ここが、従来から私たちが唯一の戦場だと思い込んでいた市場環境です。

　ライバルとの違いを明確にして、顧客の支持を得ようとしますが、やがて成熟期（秋）に入り本格的なレッド・オーシャンがはじまる頃には、ユーザーリテラシーが持続的イノベーションを超えていくので、差別化は陳腐化します（**衰退期の白☆**）。

　やがて、差別化戦略は限界を迎えて衰退期（冬）に入ると、価格競争が激化して「残存者利益」の争奪戦になります。

　製品のモデルチェンジやブランドチェンジを繰り返して価値の高止まりをキープすることでロングセラー商品を生み出し、成熟期と衰退期を行ったり来たりするほかなく、現在、多くの産業がこの段階にいると思われます。

　このように、価値の栄枯盛衰と照らした有効な戦略を俯瞰してみると、このプロダクトライフサイクル上にはライバルの脅威が非常に少ないポイントが二つあります。

　それは、自らイノベーションを起こして得る「先行者利益」と、他社が撤退する中で最後まで粘って粘ってやり続けて得る「**残存者利益**」です。

　先行者利益については、本書で繰り返し述べているとおり、自ら破壊的イノベーションを起こして、全く新しい角度から新しい価値を生み出すブルー・オーシャン戦略によるものです。

　この先行者利益を生み出すブルー・オーシャンには、その市場が有望であればあるほど、大手企業など巨大資本の参入を招くので、おのずと市場性の広がりと同時に競争環境が高まっていくという成長が背負う宿命のようなものがあります。

イノベーションを起こす難しさと、次々と参入してく
る大資本との競争という二つのボトルネックがある以上、
多くのスモールカンパニーには、おのずと後者の残存者
利益に着目せざるを得なくなるということが、おわかり
いただけると思います。

破壊的イノベーションが新たなブルー・オーシャンを創造する

2-4 破壊的イノベーションはいつでも何度でも起こる

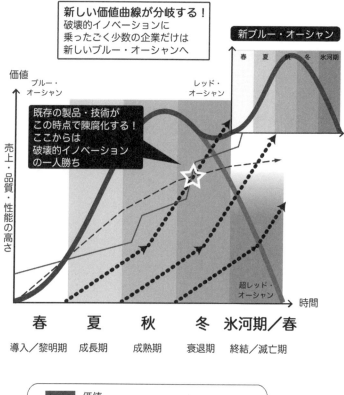

新しい価値曲線が分岐する！
破壊的イノベーションに
乗ったごく少数の企業だけは
新しいブルー・オーシャンへ

新ブルー・オーシャン

価値
ブルー・
オーシャン

レッド・
オーシャン

既存の製品・技術が
この時点で陳腐化する！
ここからは
破壊的イノベーション
の一人勝ち

売上・品質・性能の高さ

超レッド・
オーシャン

時間

春	夏	秋	冬	氷河期／春
導入／黎明期	成長期	成熟期	衰退期	終結／滅亡期

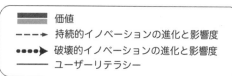

価値

- - - - ▶ 持続的イノベーションの進化と影響度

●●●●▶ 破壊的イノベーションの進化と影響度

―― ユーザーリテラシー

　図2-4を見てください。先行者が持続的イノベーションでコツコツと築きあげてきた既存の製品市場は、どれだけ懸命に創意工夫や努力をしていても、市場のメカニズムによってやがて差別化戦略は力を失い、必ず冬がやってくる運命を背負っています。

　そのうえ、後発にもかかわらず、全く新しい角度から圧倒的な破壊力をもつ代替品を市場に投入してくるのが、破壊的イノベーションです（**3本の点線の一番左**）。
　ちょうど、既存市場ではテレビ（受像機）がハイビジョンから4Kへと革新を続けている最中に、4GやWi-Fi、YouTube等の動画コンテンツ配信に革新が起きて新しい市場が生まれたのと同じ状態です。

　成熟期または衰退期に差し掛かった既存製品の代替となりうる、圧倒的な付加価値を提供する破壊的イノベーションが起きると、既存市場のユーザーが一気に代替品市場に流れ出し、新たなブルー・オーシャンを生み出します（**右上の新ブルー・オーシャン**）。

　既存市場で持続的イノベーションをいくら頑張ったところで、圧倒的な価値をユーザーに提供する破壊的イノベーションの前では太刀打ちできません。

テレビの画質をいくら上げたところで、「自宅の居間でテレビの前にいないと観られないという制約」と「いつでもどこでも、自分好みの動画を見放題」ではユーザーにとっての価値が段違いで比較になりません。ユーザーはテレビ（受像機）を観たいのではなく、コンテンツを観たいのです。

　破壊的イノベーションによって、既存市場で下落しはじめた価値曲線は、分岐を起こして全く別の新しい価値として、新しいブルー・オーシャンを創造します。ユニコーン企業の誕生です（**右上へ延びる価値線**）。
　そして、この最初の破壊的イノベーションがトリガーとなって、次々と類似のイノベーションが起きて、既存市場の残存勢力をことごとく駆逐していきます（**3本の点線の真ん中と一番右**）。この段階までくると、既存のプレーヤーたちは滅多打ちにされて、大きな会社ほど痛手は大きくなります。一時代を築き、市場を制覇したかに見えた巨大企業が没落していくのはこのためです。

　そうして、新たに起こったブルー・オーシャンは価値を増大させて成長期へとステージをあげながら、新たなプロダクトライフサイクルを形成していくことになります（**右上の新ブルー・オーシャン**）。

　破壊的イノベーションは新しいイノベーションを誘発し、新たな市場形成と価値の増大を引き起こすのです。

　問題は、その時、そこに私たちスモールカンパニーはいない、ということです。

　そうでなくとも競争激しいレッド・オーシャンにおいて、既存のプレーヤーがどんどん駆逐されていくというような経営環境です。

　このような厳しい環境下に至っては、顧客の方こそ、少なからずニーズがあっても、規模感がないから、売れ筋でないから、という理由で供給を止められて立往生することになります。

　市場から見捨てられるユーザーニーズを救い、そういった残存者利益を狙って自社独自の成長を目指すという選択肢が、私たちスモールカンパニーにとっては、意義のある生存戦略ではないでしょうか。

価格と価値の逆転現象

　仮に破壊的イノベーションの影響が及ばない市場であったとしても、「ユーザーリテラシーの進歩が、持続的イノベーションの影響度を鈍らせるので差別化戦略は陳腐化する」というメカニズムがあり、これは価値と価格の関係性から見ても納得のいくものであることがわかります（次頁 図2‐5）。

**　売り手は高く売ろうとし、買い手は安く買おうとする。**

　この当たり前の構図を価値と価格の関係から紐解いて考えてみましょう。
　ここでは100万円の商品があると仮定して、売り手と買い手の価値と価格を考えてみます。

　売り手はその商品の価値を100万円以下だと考え、買い手はその価値を100万円以上だと考えなければ、100万円という価格は成立しません。

　もし、その商品価値を売り手が120万円だと考えたら、決して100万円では売らないでしょう。20万円損することになるからです。

2-5　売り手の価値と買い手の価値

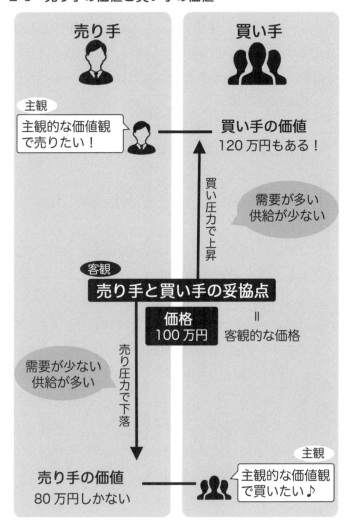

　同じく、買い手もそれを80万円の価値しかないと思えば、20万円損することになるので、決して100万円では買わないでしょう。

　売り手は価格よりも低い価値を、買い手は価格よりも高い価値を認めることで価格は成立します。

　つまり、売り手と買い手がそれぞれ考える主観的な価値と、双方の売買ニーズを満たすための妥協点として成り立つ客観的な価格は、お互いに反響しあう関係にあるので、先に述べた価値の栄枯盛衰に伴って、価格も変化していきます。

　一般的には、市場価値が高ければ価格も上がると思われていますが、実は、ここが見落とされがちな落とし穴です。

　プロダクトライフサイクルにおいては、価値の上昇とともに競争が高まり、価格の下落圧力が高まるので、ある時点を境に価値と価格の関係に逆転現象が起きます。
　この逆転現象によって、戦略の有効性が変化するため、差別化戦略は行き詰まるのです。

例えば、発売当初の液晶テレビは薄型をウリにしていましたが、訴求ポイントを大型化へシフトさせつつ市場を拡大させていきました。

　まだ大型液晶テレビが珍しく、高嶺の花だった頃は、液晶サイズ１インチあたり１万円以上で売られていました。「大きいね！　これで映画観たら迫力あるね♪」などとユーザーが感動していた頃の話です。

　しかし、液晶テレビの普及とともに市場競争が高まり、徐々に価格が下がりはじめ、一通り普及が終わると、遂には50インチの大型液晶テレビが10万円前後にまで価格は低下しました。

　この頃になると「部屋が狭くなるよ…」などと評価が反転してくるのです。

　市場の興隆期・成長期においては、まだユーザーリテラシーが十分に育っておらず、ユーザー主観では価値判断ができないので、価格が客観的な指標として、その商品やサービスの価値を規定しており、顧客が商品を選択する上で重要なウエイトを占めていました。

　100万円の商品には、100万円の価値があるとユーザーは信じていました。「これはすごいね！　そりゃ100万円くらいするでしょ」という反応です。

　この時期の差別化は高価格に根拠を与える要因として、とても重要な役割を果たしてきました。
「世界最薄！　高精彩クッキリ画質！」など、差別化こそが商品力というステージですので、差別化戦略はとても有効だったのです。

　しかし、成熟期・衰退期に入ると、競合ひしめく飽和した市場では価格が客観的な指標として機能せず、商品やサービスの価値は、主観的なユーザーの価値基準に取って代わられるため、差別化だけでは立ち行かなくなります。
「もはや、テレビが薄いなんて当たり前。高精彩はいいけど、画質選択機能がイマイチだから、古い映画を観ても、綺麗すぎて風合いが損なわれているように感じる…」といった具合に売り手の主張よりも買い手のフィーリングの方が重視されるようになります。

　かつて100万円だった商品に、いくらなら払うかという価値をユーザーがフィーリングで決めるのです。

　類似品が溢れる中では、買い手であるユーザーがその商材にどれほどの価値を認めるかが重要であって、売り手の差別化主張はもはや通じなくなるということです。

2-6　価格が価値を決める

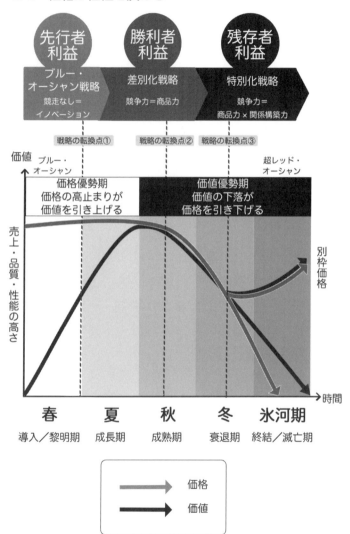

　図2−6を見てください。**市場の黎明期から成長期まで**は売り手が決めた**客観的な価格が価値を決める**から、出はじめの新製品は高価格なのです。

　もちろん、その価格に見合った（とユーザーが納得できる程度の）品質や性能を実現した製品として市場に投入されるので、発売当初からすでに差別化された状態で現われます。

　それが、成熟期から衰退期に差し掛かると、同じ製品でも価格は安くなります。

　市場の成熟期から衰退期では買い手の主観的価値が価格を決めるという逆転現象が起きるからであり、このあたりから、差別化は陳腐化の一途をたどり、力を失っていくことになります。

　持続的イノベーションによって実現される差別化戦略は、ライバルとの競争やユーザーリテラシーの進化によって徐々に無力化されていく運命にあります。

　プロダクトライフサイクルの春夏秋冬でいえば、それぞれのシーズンが長いか短いかだけの差であって、いずれ必ず冬がやってくるのです。

この価値と価格の関係においても、やはりスモールカンパニーが残存者利益を狙って生き延びるということが現実的かつ有効な選択肢であることを示しています。

　それは、プロダクトライフサイクルの衰退期（冬）に入る頃は、すっかり価値優勢期になっており、**ユーザーの主観的価値**によって、**価格が決まる**という点です。

　これは裏を返せば、**ユーザーの主観に直接訴えて価値を認めさせる "何か（something）" を提供できれば、価格を維持しながら残存者利益を得ることが可能である**、ということを意味しています（図2－6）。

　通常、衰退期（冬）までくると、買い手であるユーザーが認めた価値の分しか価格に反映されないので、市場での価格は下落傾向にあり、売り手はどこまで耐えられるかという消耗戦を戦う羽目になります。

　しかし、最近の傾向をみると、前章で先述したとおり、ユーザーは "モノ" そのものを所有し、利用することよりも、自分の仕事や生活のあり方を変えてくれる "コト" や新しいフィーリングを得られる "コト" に価値を見出す傾向が定着しつつあります。

　ただでさえ、競争が激しく、価格下落の消耗戦に陥っているレッド・オーシャンなのに、破壊的イノベーションによって既存のプレーヤーがどんどん駆逐されるという悲惨な超レッド・オーシャン時代を迎える市場では、大きなライバルは撤退し、二度と戻ってきません。

　このように一見すると、ぺんぺん草も残ってない焼け野原のような市場でも、スモールカンパニーにとっては、安定した残存者利益を独占できる可能性が残されています。

　プロダクトライフサイクルにおける価値の栄枯盛衰、ユーザーリテラシーの進化、持続的イノベーションの鈍化、破壊的イノベーションの影響、価値と価格の関係、どれをどう組み合わせても答えは同じです。

　スモールカンパニーは残存者利益の独占を狙って、今すぐに舵を切るべきだと、私は思います。ライバルが気づく前に先手を打って行動に出た方が勝率は上がるからです。

ユーザーの主観的価値観に直接訴える "何か（some-
thing）" を手に入れ、差別化のもっと先へと歩みを進め
ることが、来たるべき超レッド・オーシャン時代への万
全の備えになるのは間違いありません。

　今はまだ、このチャンスが残されています。

第**3**章

特別化の条件

『**4**steps×**4**elements』

①

商品力依存からの脱却

　前章までを振り返ると、「人によってのみ提供できる "何か（something）" が新たな価値を持つ時代を迎えており、それはユーザーの主観的価値観に直接訴える "何か（something）" である。

　この "何か（something）" を提供できれば、飽和した市場においても、価格を維持しながら生き延びることができる。

　そしてこの "何か（something）" とは、すなわち「顧客との関係性（関係価値）」であり、これを経営戦略の中心軸に据えて突き詰めれば、差別化を超えて特別化（別枠化）に至り、超レッド・オーシャンにおいて残存者利益を独占できる」という話をご紹介しました。

　このように、スモールカンパニーだからこそできる「特別化」で残存者利益を独占し、レッド・オーシャンの中にいて、自社だけに広がる小さなブルー・オーシャンを、私は**「ブルー・スポット戦略」**と呼んでいます。

　本章ではこの、小よく大を制す特別化をいかにして実現するのか、そのために必要な条件とは何か、をみていきたいと思います。

3-1 ブルー・スポット戦略

ブルー・オーシャン
=
ライバルなし

レッド・オーシャン＝ライバルだらけ

関係価値 UP

特別化（別枠化）

ブルー・スポット

自社だけに広がる小さなブルー・オーシャン

残存者利益を独占！

　従来、スモールカンパニーは、競争力＝商品力（ビジネスモデル含む）という図式で戦ってきました。

　他社と差別化するポイントは、まさに商品力しかなく、商品力がなければ、ビジネスは成立しなかったのです。

　ビジネスモデルとは、要するに製品・サービスの流通と課金の仕組みで、商材とお金がやり取りされる仕組みをうまく工夫した企業だけが競争力を勝ち得たわけです。

　スモールカンパニーは、資金力も営業力（とくに商流をつくる力）も弱く、商品そのものがヒットして、はじめて会社が成長するという図式だったので、いかに、良い商品、魅力的な商品を生み出せるかが鍵でした。

　スモールカンパニーの競争力＝商品力というのは、商品名がそのまま社名になっている会社が多いことからも察せられるでしょう。

　競争力を維持するためには、商品力をアップしていかなければなりません。そのために差別化に取り組むわけですが、現在のように経済社会が成熟し、モノもサービスも溢れているという状態まで来ると、相対的に従来の商品力のポジションは落ちていきます。

超レッド・オーシャン（腐りかけの完熟市場）においては、いずれ差別化の限界点がやってきます。

商品力に関しては、どんなに頑張っても必ず“どんぐりの背比べ”みたいな状態になるので、実際に多くの業界では完全に買い手市場になってしまっています。

つまり、どんな業界でも、遅かれ早かれ、商品力で突き抜けてライバルを引き離し続けることはできなくなるということです。

その時、商品力以上に求められる何かが「顧客との関係性（関係価値）」なのです。

ですから、今、私たちスモールカンパニーは、商品力を上げる努力はしつつも、そこに「顧客との関係性（関係価値）」を高める力、すなわち「関係構築力」という新しいファクターをプラスしていく必要があります。

「関係構築力」をプラスすることで、“その他大勢”から抜け出すことができるのです。

同じ商品やサービスを提供していても、関係構築力があるだけで、新しい価値を提供できます。

　わかりやすく言えば、同じモノでも、尊敬する著名人から、もしくは大切な家族から貰ったものは、私だけの特別な宝物になるという希少性感覚を得られるので、それが付加価値となります。

　例えば、よく行く馴染みの飲食店。来店するとその客がどこの誰で、好みは何かなどパーソナリティをよく理解したうえで、今日の天候や顧客の気分などを考慮し、ベストなサービスがさりげなく提供されます。これも「行きつけの」「馴染みの」という関係価値です。

　このような例は、人によってのみ提供できる関係価値であり、ＡＩなどのテクノロジーが代用できない価値です。有償無償に限らず、信頼できる人や企業から提供される物事には大なり小なり、その関係価値がプラスされるということです。

　そして、今後ますます飽和していく市場においては、この関係価値が威力を発揮してくるので、どれだけ差別化を頑張ったところで、すぐに埋もれてしまい、その努力は報われなくなります。

今まさにこの瞬間も、ライバルとの差別化に行き詰まって思考停止状態になっているスモールカンパニーはたくさんあります。そういった差別化の限界を感じている今こそ、関係構築力を発揮して、関係価値を提供することで、顧客から別枠扱いされるポジションの獲得＝特別化を目指すべきなのです。

　従来の差別化は「商品力」に対する取り組みでしたが、今後の特別化は「関係構築力」に対する取り組みへと思考スイッチを切り替えて前進しなければなりません。ただし、自社の商品力がどの程度あるかによって、関係構築力の重要性は大きく二つに分かれます。

　すでにライバルを圧倒する商品力があったり、自社独自のコンテンツを持っている企業であれば、たとえ自社単独の成長で行き詰ったとしても、大きな企業とのパートナーシップ（協業）という方向性も見出すことができるので、関係構築の重要性はさほど実感できないかもしれません。

　多くの大企業はビジネスシーズをスモールカンパニーとの協業で手に入れようとしていますし、もしくはＭ＆Ａで会社ごと取り込んで先を急ごうとしていますから、

大企業の方からラブコールしてくることもあるでしょう。
つまり、向こうから声をかけてくるような商品力がある
ということが前提になります。

　そうでない会社（商品力がイマイチな会社）にとっては、
顧客との「関係構築」への取り組みが重要で、かつ緊急
な経営課題という認識が必要です。

「商品力」に対する「関係構築力」はその影響が大きい
ので侮れません。
　この二つの力を例えるなら、足し算ではなく掛け算の
関係にあります。

　どんなに「商品力」があっても、「関係構築力」があ
る程度備わっていないと、商品力は顧客には伝わらない
ので、総合的な競争力は商品力以下になります。

　例えば、商品力＝競争力の均衡がとれている会社を標
準的な会社として考えた場合（標準レベルを50という数字
に置き換えて表現してみます）を見てみましょう。

3-2 商品力 × 関係構築力＝競争力

	商品力	×	関係構築力	=	競争力
標準的な従来の会社	50	×	1	=	50
商品力は普通で、関係構築力が低い場合（多くの会社がこうなる）	50	×	0.5	=	25
商品力は普通で、関係構築力が高い場合（理想型）	50	×	2	=	100
商品力は低いが、関係構築力が高い場合（本書の狙い）	20	×	3	=	60

　図3-2はあくまでもイメージを表したものですが、定量化することで、自社の問題を捉えやすくし、改善に取り組みやすくなります。

　逆に同じ商品力であっても、関係構築に工夫を凝らすことで総合的な競争力は商品力以上に高めることができます。あらゆる顧客との接点を関係性の観点から見直してみるべきでしょう。

　今どきの強いスモールカンパニーは、顧客との接点を
どうつくり出すかだけでなく、つくり出した接点をリピ
ーターへ、得意客へとステータスを上げるために、いろ
んな仕掛けを工夫しています。

　特別化とは、単なるアップセルやクロスセルという一
時的なマーケティングアクションではなく、顧客との関
係価値に着目した"長期的な利益を生み出す関係構築の
試み"に他ならないのです。

「特別化」の4ステップ

　関係構築力は商品力と掛け算の関係であって、スモールカンパニーの総合的な競争力を高める重要なファクターになります。

　競争力のもつ意味を言い換えると、つまり、受注力、売上アップということですが、この受注、売上との因果性という観点で見ても、やはり関係構築力はキーファクターであるということがわかるので、この点にも触れておきたいと思います。

　改めて事業活動の因果を見直すと、売上は結果にあたります。
　提供した価値の対価として顧客に認められた結果です。

　そして、結果には必ず原因があります。
　商品力とその価値を認めてくれた「顧客との関係性」、つまり関係価値がその原因になります。

　従来、価値の対価は商品力そのものでしか認められてこなかったのですが、モノやサービスが飽和した現代では、その価値を認めてくれる買い手と売り手の関係性がより重要な意味をもち始めています。

3-3 差別化戦略から特別化戦略へ

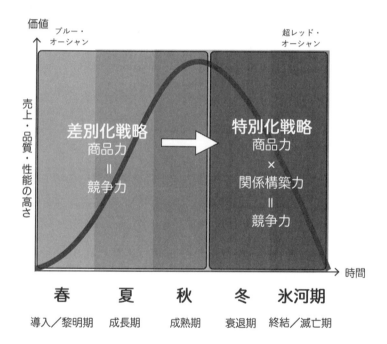

価値

ブルー・
オーシャン

超レッド・
オーシャン

売上・品質・性能の高さ

差別化戦略
商品力
＝
競争力

特別化戦略
商品力
×
関係構築力
＝
競争力

時間

春	夏	秋	冬	氷河期
導入／黎明期	成長期	成熟期	衰退期	終結／滅亡期

　図3-3を見てください。差別化戦略が力を失い、超レッド・オーシャンになりつつある市場環境において、売上という結果を生む原因が、商品力から関係構築力にシフトしてきています。

　そしてそれは、いつ・何をしたから売上が伸びた、というふうに、売上を因果関係で説明できます。

　次頁の図3-4-1は、売上の原因と結果をマトリクス化し、関係性をベースに顧客ステータスを表したものです。「関係性マトリクス」といいます。

　縦軸は、売上・購買頻度等、従来のRFM分析なのでご存じの方も多いでしょう。

　「Recency（最近の購入日）」「Frequency（購入頻度）」「Monetary（購入金額）」の3つの頭文字をとった指標で顧客をランクづけする分析手法です。これに顧客との関係性、信頼・親密度を表す横軸を設けてマトリクス化します。

　縦軸は、従来のRFM分析＝売上アップ活動の「結果」であり、顧客の購買実績をランキング化したもの、横軸は、顧客との関係性＝コミュニケーション密度をレベルで表した、売上の「原因」となります。

　それぞれ、縦軸を「売上ランク」、横軸を「関係性レベル」といいます。

3-4-1 関係性マトリクス

<u>売上の原因と結果を表した関係性マトリクス</u>

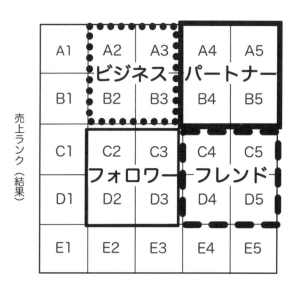

　図３−４−１は、顧客との関係性を特徴づける４つの
ゾーンがあり、右上から「①パートナーゾーン」「②ビ
ジネスゾーン（左上）」「③フレンドゾーン（右下）」「④フ
ォロワーゾーン（左下）」となります。

①**パートナーゾーン**：信頼関係ができていて、取引が
　頻繁にある。信頼のパートナーシップ
②**ビジネスゾーン**：取引は頻繁にあるが、信頼関係は
　定かでない。ビジネスライクな利害関係
③**フレンドゾーン**：信頼関係はあるが、取引はあまり
　ない。仲良しのお友達関係
④**フォロワーゾーン**：信頼関係も取引もあまりない。
　お試しの様子見関係

　従来のRFM分析は、縦軸のみを尺度としており、取
引頻度や金額を分析することで、なぜ売れたのかを推測
していましたが、この視点だけだと「結果」にしか着目
していないので、顧客にならなかった人たちは視野に入
ってこないし、売り手が何をやればいいのかは常に推測
の域を出ませんでした。
　ですので、縦軸のみに依拠した分析結果には再現性が
なく、当たり外れが多くなるという欠点がありました。

私はむしろ、マトリクスの横軸である「原因」に着目するべきだと思っています。

　実際のところ、顧客との関係性という「原因」が売上という「結果」を左右するわけですから、マトリクスの横軸「原因」を伸ばすことによって、縦軸「結果」が伸びていくという因果関係を追及する必要があります。

「差別化で行き詰った売上（縦軸）」を、「リピート受注を伸ばす関係性（横軸）」で支えて補う、という考え方です。

「お客様との関係性」を横軸に設定することで、期間ごとの売上実績では見えない、実際の顧客ステータスを把握できるので、ゾーニングで分類して振り分けられた個々の顧客に対して、"いつ何をするべきなのか"がわかりやすくなります。

　例えば、「接触頻度も多いし、コミュニケーションの密度も高い。顧客の込み入った事情や、"ここだけの話"なんかもよく知っている。関係は深いはず…だけど、まだ縦軸はＡＢＣランクのＤランクにいる。売上につながらないのはなぜだろう？」というような場合。

　一般的には、「この人はDランクのお客だから、付き合うのをやめて、他の顧客を当たろう」と、営業対象としての重要度を低く判定してしまうので、接触頻度を減らしていく方向で検討します。

　しかし、超レッド・オーシャン時代を迎えつつある今となっては、営業先が先細りするだけですので、旺盛な需要を前提としたこのような戦術は通用しなくなります。

　こういった場合でもマトリクスでみれば、縦軸がまだのDランクにとどまっているのに、無理な訪問を繰り返して「接触頻度」を優先してしまっていて、毎回の接触が実りのない無駄足となり、横軸だけがレベル5になってしまっていたため、この顧客はまだ「フレンドゾーン」にいるからだ、と峻別できます。

　「接近」だけを優先してしまう、誤った関係構築の典型的な例です。

　では、この「フレンドゾーン」の顧客を上位へあげていくにはどうすべきか？　となりますが、例えば、当社の場合は、「フレンドゾーン」の顧客に対するネクストアクションは「認識・共有アクション」とあらかじめ設

定しているので、ネクストアクションは有償の関係である、ビジネスの取引先として認識してもらうための有益な情報提供や具体的な提案をすることとしています。

　基本的なサービスメニュー（提案内容）はフォーマット化されているので、ネクストアクションで迷うことも手間取ることもありません。ただ単に、設定した目標期限内に提案を仕掛けるだけです。
　どのような業態であっても、"次に何をするか？"をステータスごとにレベル分けして準備していれば、ブレずに迅速な対応ができるのはおわかりいただけると思います。

　顧客の離脱を恐れて、一貫性のない、その場しのぎの小手先の対応を重ねていても、結局はパートナーとしての信用を失うだけになるので、何をするかは機械的に判断しつつも、それをどうやるかは真心のこもったホスピタリティをベースに実行することにしています。

　このようにあらかじめ、ステータスゾーンごとに、さらにはレベルごとに、自社で標準となるネクストアクションとクリアすべき目標を設定しておくことで、ブレない迅速な対応を機械的に判断し、人はその実行にどれだ

けホスピタリティを織り込めるか、に集中できます。

　その結果、縦軸の売上ランク（結果）を伸ばすことができるというわけです。

　これによって「同じモノでもあなた（御社）から…」というふうに顧客の満足を高めて、顧客の消費（購買）行動のパターンに入ることで、縦軸で上位へと引き上げていくことができるようになります。

　単純に売上結果（縦軸）から逆算しただけの推測に頼ると、施策の当たり外れが大きくて、やることがブレてしまいますが、これに「お客様との関係性」（横軸）という、もう一つの視点をプラスすることで、売り買いという最終局面に至るプロセスを理解する指針を与えてくれることになります。

　また、顧客ステータスには、次頁3－5の図のように5段階4ステップがあります。

　見込み客 ⇒ 新規客 ⇒ リピート客 ⇒ 得意客 ⇒ ロイヤルファン（特別客）という段階を経ます。従来のRFMでは、これを売上や購買頻度、来店回数などでランキングしていたのですが、ここでは、「顧客との関係性の深さ」という視点から段階づけています。

3-5 特別化への5段階4ステップ

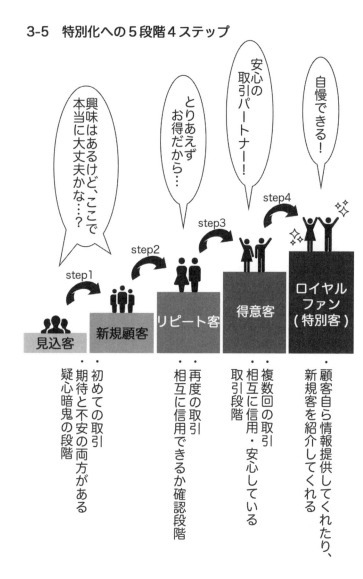

見込み客〜新規顧客 は、初めての取引で、期待と不安の両方がある疑心暗鬼の段階です。

この段階では、購入したい（仕事を頼みたい）という取引ニーズはあるけれど、ここで本当に大丈夫なのか？適切に丁寧に対応をしてもらえるのか？ という恐れを抱いているという状態、関係性の薄い状態です。

リピート客 は、過去の取引によって何らかの満足があったので再度の取引となりますが、ここでもまだ、相互に信用できるかを確認している段階です。基本的には提供したサービスは妥当だと感じてもらっていますが、コスト面のお得感だけで継続している可能性もあります。

得意客 になると、過去の複数回の取引を通して、お互いに信用・安心して取引している段階、つまり、お互いにその関係を大切にしようという状態が生まれています。外部パートナーとして認められている状態です。

顧客も常連でいようとするので、無理なことは言わず、良いお客であろうと関係にコミットします。相手はこの関係を大切にすることにメリットを見出しているので、信用が生まれています。

通常のビジネスは、この得意客を作るところで止まっているのですが、私は、スモールカンパニーこそ、もう一段階上を目指すべきだと考えています。

得意客の段階までは、顧客は常にライバルと比較して自分の利益を推し量っている状態なので、いつでも離脱してライバルに奪われるというような脆弱な関係に留まってしまうからです。

得意客のもう一段階上のステータスこそ、最上位の ロイヤルファン（特別客） です。

私たちが目指すべき関係構築の最終目標であり、先にご紹介したマトリクスの横軸のゴールとなります。

顧客がロイヤルファン（特別客）化すると、その顧客は私たちを別枠としてみてくれるので、顧客自ら情報提供をしてくれたり、新規客を紹介してくれるようになります。

「良いのをみつけた！」「これ、面白いよ！」「こんなスゴいところがあるよ！」といった感じで、自社ではなかなか知り得ない良いヒト、モノ、コトなどの希少性の高い情報を提供してくれるようになりますし、顧客自ら売

り手の会社情報をその他の見込み客へ向けて発信してく
れるようになるのです。

　ロイヤルファン（特別客）とは、例えば、次のような
顧客を指します。

・相見積り（比較検討）なしで、真っ先に問い合わせ
　をしてくれる
・無理な値引きを要求しない（価格の妥当性を理解して
　いる）
・新規顧客を紹介してくれる（信頼関係を自慢してくれる）

　得意客までは、これまでの取引実績や立ち居振る舞い
を根拠とした「過去」をベースにした関係であるのに対
し、ロイヤルファン（特別客）は、「未来」への期待をベ
ースにした関係です。

　未来に対する期待があるので、新しい顧客を連れてき
てくれるようになります。

　御社のロイヤルファンはどうでしょうか。上記３点以
外にも、ぜひ、自社独自のロイヤルファン像を描いてみ
てください。

ちなみに図３－４－２では、マトリクス上での顧客ス
テータスはＬ字型で囲われた部分を指しますが、一見す
ると見合わないのではないか？　と、よく誤解されがち
なセルについて少しふれておきます。

　Ａ１、Ｂ１の見込客：いつでも直ぐに離脱する可能性
が高いので見込み客として扱うべき対象です。たとえ、
たくさんのお金を使ってくれている顧客であっても、売
り手と買い手の双方が相手のことをよく知らない状態で
あるこのような顧客は、売り手を単なる調達先としてし
か見ていないので、顧客が勝手に買っているだけの状態
です。売り手の提案にも興味を示さないし、未来の取引
に期待ができません。

　Ｄ４、Ｄ５の新規客：親しくなっただけなので、新規
客として扱うべき対象です。お互いによく知り合い理解
しあっている関係になっているとしても、ビジネス相手
としての信頼を得ているわけではないので、新規客とし
て丁重にアップセルを仕掛けて行かなければなりません。
少し近づき過ぎている顧客です。「親しき中にも礼儀あ
り」です、気をつけましょう。

3-4-2 関係性マトリクス

売上の原因と結果を表した関係性マトリクス

A1	A2	A3	A4	A5	ロイヤル ファン 特別客
B1	B2	B3	B4	B5	得意客 ※差別化の 限界ゾーン
C1	C2	C3	C4	C5	リピート客
D1	D2	D3	D4	D5	新規客
E1	E2	E3	E4	E5	見込客

売上ランク（結果）

関係性レベル（原因） ＝ 再現性レベル

117

このロイヤルファン化を促し、自社が特別化されるようになるにはちょっとしたコツがあります。それは、**選択理由（Why）の提供**です。

　商材の選択だけでなく、それをなぜそこから買うべきなのか？　それが得策である確固たる理由を顧客の気分や解釈に委ねず、自ら積極的に提供すべきです。

　飽和した市場で顧客満足を引き出すためには、顧客自身が納得尽くであることが大前提になります。

　他にも選択肢はあるけれども、なぜそこと取引するのか？　なぜ、そこから買うのか？　という納得のいく選択理由（Why）が明確であれば、顧客自身が判断の迷いを払拭し、購買選択が容易になるので満足を得やすくなります。多少の問題が起こっても原因に対する理解を得やすく、場合によっては一緒に解決の努力をしてもらえることもあります。

　例えば、ソフトウエア業界ではよく、「顧客を囲い込む」という戦略がとられますが、その多くは、課金システムによって勝手に解除できず、解約すると不利益が生じる契約になっています。顧客はただ単に選ばざるを得

ない状態に追い込まれているだけなので、本来的には快適ではありません。

　こういう強制的な囲い込みをしている会社は、いずれ、ライバルに顧客を奪われるでしょう。

　信頼関係を得るには、得意客をつくるまでのステップを踏むことは絶対条件ですが、その上のロイヤルファン（特別客）を目指すためには、選択理由（Why）の部分がより重要になってくることに留意してください。

　大切なことなので繰り返し強調しておきますが、ロイヤルファンまで到達しないリピーター（得意客まで）は、自分の利益が少ない、お得感がないと踏んだ時点で、すぐに離脱してしまいます。

　しかし、ロイヤルファン（特別客）まで昇華すると、「なぜこの会社はこの商品を売っているのか、あるいはサービスを提供しているのか」「だからこの商品なのだ」「だからこの価格なのだ」というふうに顧客が腑に落ちる選択理由（Why）を明確にもっています。

そのため、「他社でもっと安いところがあるかもしれ
ないが、うちはここから買う」と意思決定してくれるの
で、簡単には離脱しません。

　このようなロイヤルファンの事例として有名なのが
「スバリスト」です。

　ECOカー全盛期の今、他社は電気自動車にシフトす
る中で、頑なにガソリンエンジンの「走り」にこだわり
続ける株式会社スバルは、自動車メーカーとしては小規
模ながら、海外でも高い評価を受け続けて独自のポジシ
ョニングに成功しています。

　このスバルには、昔から根強いファン層がいて、彼ら
は通称「スバリスト（海外では「スービー」）」と呼ばれて
います。

　スバリストたちは、代々の愛車はスバル車のみ、乗り
換えの時でも他社のクルマと比較せず、最初からスバル
車のラインナップでしか考えない、といった熱い支持行
動をとり続けています。

　敬虔なスバリストたちは、スバル車に対する明確な選択理由（Why）をもっているので、離脱しない典型的なロイヤルファン（特別客）の例と言えるでしょう。

　トヨタ自動車グループの資本傘下に入った今でも、他社と一線を画し、スバル独自のブランドが守られているのは、こうしたスバリストたち、ロイヤルファン層の厚みに依拠しているからではないでしょうか。

「特別化」の４要素
＝選択理由（Why）

　これまでは、マーケティング分野でしか語られてこな
かった顧客との関係性について、もう一歩踏み込んで考
えてみましょう。

「関係性」というキーワードを経営戦略の中心に据えて
考えるならば、自然と顧客構成をロイヤルファン（特別
客）で埋め尽くすという戦略へと行き着くことになるで
しょう。

　なぜなら、既存市場で戦っているスモールカンパニー
の潜在的な総客数は最初から決まっていますし、ライバ
ルが多い中で圧倒的なシェアを取れない以上、一顧客と
の長期間の取引関係から生み出される利益、顧客生涯価
値（ライフタイム・バリュー）を最大化する以外に成長で
きる土壌がないからです。つまり、良質なリピーターを
増やすほかないということです。

　しかし、先にも述べたとおり、従来のマーケティング
で定義されてきた得意客と本書で述べているロイヤルフ
ァンの間には「得意客との関係は過去の実績をベースに
しているのに対して、**ロイヤルファンとの関係は未来へ
の期待をベースとしている**」という点で、質的に大きな
隔たりがあるため、ロイヤルファンを獲得するためには、
次の４つの要素が重要になってきます。

3-6　特別化の4要素

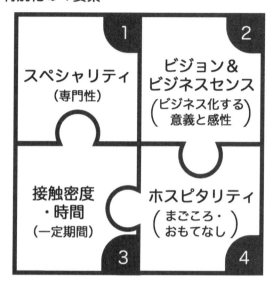

①スペシャリティ（専門性）

　専門性がないと何をどうやっても顧客に訴求すること
はできません。あって当然、なければ話にならない必須
要素です。ただし、多くの売り手がここにだけこだわり
過ぎてしまい、買い手のニーズを見失う盲点にもなりま
す。とくに技術系の商材を扱う企業は、ここで競い合お
うとしがちですが、顧客が買っているのは技術ではなく、
その製品・サービスがもたらす効果効用であることに留
意する必要があります。

②ビジョン＆ビジネスセンス（ビジネス化する意義と感性）

　なぜそのビジネスをするのか？　その目的や意義を掲げて共感を得るセンス。ここでいうセンス（感性）とは、生まれながらにして持つ先天性の才能ではなく、日々の努力によって集積した情報から体系的に知識化して得た知見や能力のことです。①の自分（自社）の専門性を裏づける重要な要素になります。さらにそれらを商品やサービスの必要性、有用性に紐づけ訴求、換金する力です。ここが弱いので、多くの有能な専門家（を多く抱える企業）が、ただの作業員（安い外注先）に成り下がってしまっています。ピラミッド型下請け産業の法人間取引（BtoB）では、ほぼ死滅しかかっている要素でもあります。もったいないことです。

③接触密度・時間（一定期間）

　顧客が売り手を信頼するまでには、一定の接触密度（回数も必要だが、どれくらい濃い密度の関係かが大切）と時間が必要であり、それを経て少しずつ顧客は信用を蓄積し、遂には信頼を醸成します。信頼はお金で売り買いできません。信用を育てて信頼にたどり着くには、労力と時間というコストがかかります。また、売り手もこの過程で、顧客の情報を収集・分析するインプットと説明・提案などのアウトプットを繰り返しながら、②のビジョン浸透

やビジネスセンスを磨いていくことができるので、お互いにとって大切な時間となります。

④ホスピタリティ（まごころ・おもてなし）

専門性に付加価値を与え、ビジネスセンスをさらに高めつつ、接触密度や時間というコストを圧縮する最高の武器です。顧客との関係性、とくに主観的価値観に強い影響を与えるので、前述①②の補塡効果もある万能薬といえるでしょう。

4つの要素が揃っていく過程で、顧客は取引の安全を確認し、リピート化することでその取引関係に信用が蓄積され、売り手と買い手の間に信頼が生まれます。そうして遂に、ロイヤルファン（特別客）へと到達することができるようになります。すなわち、これが顧客との関係構築のロードマップとなります。

また、③の一定期間を経ながら信用を積み重ねていく過程で、売り手が提供してきた選択理由（Why）がより深く受け入れられるようになったり、もしくは、顧客の中に自発的な選択理由（Why）が形成されるようになります。

　ここまでくれば、商品が完全に価値を失うような代替品でも出てこない限り、ライバルのつけ入る隙はありません。ただし、言葉だけのキャッチコピーを押し売りしても、選択理由（Why）は顧客の中で定着しないということには注意が必要です。

　キャッチコピーはあくまでもマーケティングレベルの話であって、経営戦略の中心軸にはなりません。

　集客だけでなく、商品企画・調達・製造・在庫管理・人事評価・業務プロセス…経営のありとあらゆるものを、4要素の向上に役立つように考慮した取り組みを行い、日々の事業活動の中で顧客に理解してもらう努力をしなければなりません。

　そして、この選択理由（Why）が一度形成された顧客は、未来に対しての期待と信頼が生まれていますから、多少のことでは、顧客から離脱しないということが、得意客レベルとの決定的な差となります。また、選択理由（Why）は売り手・買い手の双方で深化させるものでもあります。

企業やお店はこれまでのように一方的に選ばれるのではなく、お店や企業もまた優良顧客を選んでおり、双方向の営みによって関係性は深まっていきます。とくに商品やサービスのクオリティが高まるほどその傾向は強くなります。

　顧客に対する高いコミットメントは、それを受ける顧客のフィードバックを誘発し、顧客もまた、より良いお客でい続けようと振る舞います。

　もしこれとは逆に、顧客が傍若無人で酷い要求を一方的に突きつけてくるようであっても、こちらが高いコミットメントを一定期間、繰り返し再現できているのであれば、その段階で他にも候補はたくさんできているはずです。

　他にロイヤルファン候補が山ほどストックできてさえいれば、そんな顧客はライバルに譲って差し上げればいいだけの話であり、振り回されて疲弊する必要はありません。顧客を恨む必要もありません。

　こういうふうに理解しておけばよいでしょう。

顧客はみんな、甘えん坊。

　誰もが皆、自分の利益を守りたいし、わがままも聞いてほしい、大切にされたいと願っているから、甘えられるところには甘えたくなるものです。

　顧客に対するコミットメントについては、「かえって顧客の要求レベルが上がるのではないか」とか「できなかった場合はかえって信頼を失うのではないか」と恐れる必要はありません。

　必要な品質はコミットしてようがしていまいが関係なく必要なので、そこが足切り点になるだけのことです。足切り点以上はすべて合格。どのレベルで合格するかに対する挑戦をするのが、顧客に対するコミットメントです。

　顧客に対する高いコミットメントとその実現に対するひたむきな努力は、実は何のリスクも伴わない、顧客の支持を集めるだけのいいこと尽くしの優良投資行為であることを、スモールカンパニーの社長は意識しておくべきです。

　顧客の中には、恐らくどの業界にも必ずいじめっ子がいます。現実的には無理難題と思えるような厳しい条件を要求してくる"アイツ"です。

"アイツ"は甘えん坊ではなく、いじめっ子なので顧客にあらず。

　初めから存在していなかったと割り切って早めにご縁を断ちましょう。

　甘えん坊は辛抱強く付き合えば、必ず成長しますが、いじめっ子は付き合えば付き合うほど消耗します。その判定は容易なはずです。

「甘えん坊はハイレベルなわが社へ」
「いじめっ子は低レベルなライバルへ」

　これを、スモールカンパニーの社長は、自信をもって言えるでしょうか！?

第**4**章

待望される
パラダイムシフト

なぜスモールカンパニーは
特別化に向かわないのか？

　前章では、特別化の条件を紐解きました。

「従来のRFM分析結果（縦軸）に顧客との関係性という原因（横軸）を加えて見てみると、顧客の本当のステータスがわかるので、自社の売上と顧客構成の実態が見えてくる。顧客との関係性には５段階４ステップあり、その最上位レベル『特別化』へ向かうには選択理由（Why）を形成する４つの要素が重要だ」という話でした。

　これは衰退産業の中にあっても、独り勝ちを続けるような老舗企業の多くがすでに実践している取り組みなので、「特別化」の事例としてでなくとも、読者の皆さんの中には、そういう小粒でもキラリと光るスモールカンパニーの成功事例を見聞きしたこともあるのではないでしょうか。

　しかし、どういうわけか「あの会社がああやって成功しているのなら、うちもやってやろう！！」とはなりません。いまだ多くのスモールカンパニーは、破壊的イノベーションの脅威や特別化の重要性に気がついていないし、気がついたとしても行動に移そうとはしません。

　なぜでしょうか？

その原因は、ミクロ視点でみる「会社の問題」と、マクロ視点でみる「世相の問題」という二つの大きな問題がありそうです。

　一つ目のミクロ視点でみる「会社の問題」とは、つまり社長です。問題は社長の思考、そのものにあります。

　差別化こそがライバルとの競争に勝つための唯一の策だという社長の古い常識と、顧客とのコミュニケーションは減らすべきコストだという社長の誤った先入観です。
　この古い常識と誤った先入観の二点が相まって、スモールカンパニーの特別化への行動が抑制されているようです。

　二つ目の問題はマクロ視点でみる「世相の問題」です。

　今、世の中全体に「コミュ症」が蔓延しつつあります。
　人々は、皆それぞれの〝私の中の常識〟に固執し、〝自分が考える大前提は世間の標準〟だと思い込み、自分の立場や視点からみた世界がこの世の全てかのように一人称で思考しています。

　事実、「話が噛み合っていない」という状況のまま物事が進んでいくことによって、社内外はむろん、社会のあちこちで混乱が起こっていますが、超他責思考が蔓延し誰も責任をとらないので、社会全体で大損しています。

　例えば、東京オリンピックはその最たる例と言えるでしょう。開催意義や競技そのものは形容しがたいほど素晴らしいものであり、人類が一堂に会して楽しむ世界最大のコミュニケーションイベントです。

　しかし、オリンピックそのもののあり方には、その商業化が行き詰まりを感じるほど改善すべき余地がたくさん露呈しています。

　この二つ目の「世相の問題」は後述するとして、まずは、一つ目の問題、ミクロ視点でみる「会社の問題」についてみていきたいと思います。

▌「差別化こそ競争戦略」という古い常識

　第2章でも差別化がいかにしてその力を失うかを詳しくご紹介しましたが、いまだ多くの社長たちは「差別化のチカラ」を信じてやみません。「差別化」とは、競合他社の商材と比較して品質や機能、サービス面においてその違いや利点をアピールすることで、競争上の優位性

を獲得することです。言い換えると、"違いを強調すること"で、顧客に選択機会を増やし、顧客から選択されることが目的です。

ですので、市場で顧客から支持を得るためには、とにもかくにもライバルと何がどう違うのか、「優位性を強調するしかない」という古い常識がどの業界にも根強く残っています。

市場興隆期・成長期では、そのような優位性が重要な要因だったのは間違いありませんが、成熟期を迎えた市場ではあまり効果が望めないことは、第2章で触れたので、ご理解いただけたと思います。

とくにテレビに恨みがあるわけではありませんが、わかりやすい例として先にも触れましたとおり、例えば、テレビ（受像機）がいくら進歩したとしても、「4Kよりも8Kのほうが綺麗にみえます」とか「世界初の技術です」とか言ったところで、顧客にとっては"それがどうした？"というだけの話です。

自宅のリビングでゆっくり寛ぎながら1台のテレビを家族みんなでみる時代は終わっています。"テレビがテ

レビとして"機能性を競い合って、いくら差別化を頑張ったところで、ユーザーには響かないのです。

　今は一人ひとりがスマホやタブレットＰＣで動画コンテンツサイトをみる時代になっているので、テレビの訴求ポイントは変わっています。ライバルはもう、同じ市場にはいないのです。

　もはや、テレビのライバルはテレビではなく、インターネット接続端末であるスマホやタブレットＰＣであり、動画コンテンツサイトです。またそれらに刺激されたユーザーのライフスタイルの変化そのものがライバルかもしれません。

　かつてのデジタルカメラやガラケーの多くが、スマホに駆逐されたように、市場間競争で勝つための思考に切り替えないといけないときに、市場内競争で勝つための差別化が重要という古い常識が足枷となっています。

　わが社の真のライバルは何か？　何と競争しているのか？　本当にそれは正しい見方なのか？　自社の業界を熟知しているからこそ起こる思い込みは混ざっていないのか？　よく確認しておくべきです。

例えば、自動車好きのカーエンジニアは、飛行機を知りません。

　自動車は地面を走るものであり、空を飛ばないからです。自動車と飛行機は全く別ジャンルの別モノというのが当たり前だと思い込んでいます。

　でも、ドローンが登場しました。もしかすると、将来、自動車は荷物を運ぶもの、人の移動は近距離ならドローン、長距離なら飛行機で、というのが当たり前になっているかもしれません。

　古い"業界の常識"にとらわれた社長の思考の外側で、静かにチカラをつけてきている代替品やユーザーの離反行動はないか、今一度、見直してみると良いでしょう。

顧客とのコミュニケーションは減らすべきコストという先入観

　差別化を打ち出して成功している最中であれば、ユーザーがその製品の情報を探して、積極的に買い求めている状況になっています。そういった中では、「顧客とのコミュニケーション」は重要な受注要因にはならないでしょう。

　差別化戦略においては、「効率」こそが正義なので、「コミュニケーションはコスト」であり、それを削減するこ

とで利益を上げるからです。市場興隆期・成長期に多く
見られる傾向です。

　しかし、こうした顧客の購買需要が高い時期には、市
場参加者も増えます。安直な儲けを期待して、低品質な
商材を提供する浅はかなライバルも増えるのです。

　もちろん、こういった浅はかなライバルたちも斬新な
差別化をアピールしてきますので、"差別化の食い合い"
がはじまり、差別化戦略の陳腐化はどんどん加速してい
くことになります。そのため、市場トレンドが変わった
場合、陳腐化する差別化では客離れをカバーする術があ
りません。

　購買需要が減る市場の停滞期・成熟期を迎えたとき、
その商材は売れなくなり、ライバルの多くは駆逐されま
すが、優良な顧客との強い信頼関係を構築している企業
は生き残って「残存者利益」を得ます。

　老舗のブランドや代々続く長寿企業の多くは、市場ト
レンドの影響を受けない優良顧客との太いパイプを維持
するために様々なカタチでコミュニケーションコストを
払い続けています。

商談にかかる人件費や交通費だけでなく、会報誌の発行、インターネット広告媒体、製品に関する勉強会・発表会などのイベント開催を通して、顧客との接触、情報収集、ＰＲなどを行い、様々なカタチで良質なコミュニケーションをとろうと奮闘しています。

　これらのコストは実質的に「残存者利益」を得るための有効な投資になっているといえるでしょう。

　しかし、差別化戦略で効率を追求する企業はこれを省くべき無駄なコストとして、日々、削減努力をしてしまっているので、市場トレンドの変化を察知するチカラが弱く、市場の趨勢と運命を共にしてしまうのです。

　社長の最も重要な仕事は利益を最大化させることであり、会社を存続・発展させる成長の実現であることは当たり前の話なのですが、そうとはわかっていても、やはり売上アップよりコスト削減の方が容易なので、どうしても思考が"無駄を省く"効率化のほうに偏りがちです。

　確かに一時的には、コスト削減で利益を上げることはできるかもしれませんが、これらをいくら頑張ったところで、決して成長はできません。

　どんな市況であっても成長を目指すには、優良な顧客との強い信頼関係に基づくリピート売上のベースアップが基本中の基本です。

　しかし、顧客との関係構築には多くのコミュニケーションが伴うため、「このコミュニケーションコストを無駄だ」と考えたり、もしくはコミュニケーションそのものが難しいので「下手をすると顧客との関係が悪化するかもしれない」とディスコミュニケーションのリスクを嫌う傾向も根強くあります。

　下手に近づき過ぎると、かえって顧客からクレームを受けたり、無理難題を押しつけられたりするのではないか、という危惧を抱くのです。しかし、このような古い社長の思考は、今こそパラダイムシフトしなければなりません。

　本書で繰り返し述べているとおり、時代は変わりつつあり、破壊的イノベーションが忍び寄ってきているので、そんな小さな障害を恐れて、手をこまねいている場合ではないのです。

スモールカンパニーの頭脳は社長しかない、という現実を思い出してください。

　大企業のように有能なブレーンが複数いたり、経営戦略室があって情報収集・分析などといった英知を集めているわけでもなく、スモールカンパニーは社長が自ら新鮮な情報に触れ、見えない先行きを予見し、方向性を決めなければ会社は動きません。

　その社長の頭の中が、差別化こそが成長戦略という古い常識や、顧客とのコミュニケーションは無駄なコストという先入観に縛られていては、「特別化」に向かうことができないのです。

　逆を言えば、スモールカンパニーは"社長がすべて"ですから、社長の頭がパラダイムシフトすれば、瞬時に会社はガラリと良い方向に変わることもできるのです。

「特別化」においては、顧客とのコミュニケーションにあえて着目して、そこにコストをかけることで、「まずはあそこに相談しよう。同じ商品なら、似たようなサービスならあそこで買おう」という状態を仕掛けてつくり出さなければなりません。

　手間と時間を投資して、自社が"顧客にとっての特別な存在"でいるという状態をつくり出すのです。

　この状態までもっていけば、既存製品が成熟期に入って下降していくような時、ニーズのある別の製品やサービスへと新たな事業への転換をはかったとしても、客離れを起こさず、"製品やサービスが変わっても顧客はずっと同じ"という状態をキープできます。製品やサービスの顧客ではなく、"わが社の顧客"という状態です。

　最近になって急激に売上を伸ばしている高級商材、例えば高級服飾品、高級車、クルーザー等の高級船舶などは、景気の影響をもろに受けやすいので、顧客との関係性がどうのというよりは顧客の懐具合が重要であったように思われています。

　しかし、これら業界でも群を抜いて売上をアップしている企業は皆、不景気の頃からずっと続く優良顧客との太いパイプ、強い信頼関係の維持に投資をしてきたからこそ、顧客需要が高まってきている今、顧客がライバルに流出することなく、その果実を手にしているのです。

効率から能率へ思考を
アップデートする

　長らく経済が興隆し市場が拡大してきた環境下では、物事がどんどん効率化へと進んできました。この流れは、今後も続き、なくなるわけではありません。むしろ、ＡＩやロボティクスなどのテクノロジーの進歩のおかげで効率化はさらに飛躍的に進むでしょう。

　その中で、スモールカンパニーが効率化で勝負しても負けるのは目に見えています。テクノロジー×大資本に対して、効率化で勝てるはずがありません。

　差別化はやがて陳腐化するからダメ、効率化はテクノロジー×大資本に絶対勝てないからダメ。

　では、ダメだしばかりで、一体どうやって関係構築力を発揮して特別化にたどり着けばよいのか？　となりそうですが、答えは先述のとおり、顧客とのコミュニケーションに投資してより確実にリピート受注する顧客との信頼関係をつくること、つまり「**能率化**」です。

　スモールカンパニーは効率化を捨て、差別化を超える特別化へ向かうために「能率化」に舵を切って顧客との関係を再構築すべきなのです。

4-1 「効率」とは？

「効率」とは、成果にたどり着く工程を減らすこと

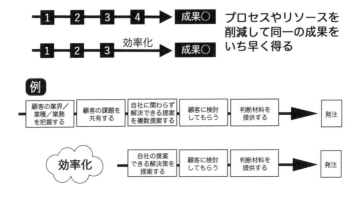

図4−1と図4−2を見てください。「効率」と「能率」は混同されがちですが、似て非なるものであり、その目的は全く違うので、ここで明確にしておきます。

「効率化」とは、最短で成果にたどり着くために工程（手間）を減らすことです。プロセスやリソースを削減して同一の成果をいち早く得ることが効率化の目的です。

　しかし、効率化は固定化されたゴールにいかに早くたどり着くかが問われますが、効率化によって成果そのものが増えるわけではありません。

4-2 「能率」とは?

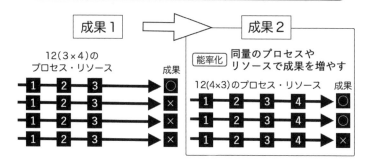

「**能率**」とは、成果そのものを増やすこと

成果1 → 成果2

12(3×4)の
プロセス・リソース
成果

能率化 同量のプロセスや
リソースで成果を増やす

12(4×3)のプロセス・リソース
成果

**「効率」と「能率」とは、
混同されがちだが似て非なるもの**

　顧客とのコミュニケーションでいえば、例えば営業活動において、いかに手間なく売るかというスタンスと同じです。数回商談して「たぶん、このお客は買わないな…」と判断したら、商談を中止してもう会わない、というのは単なるモノ売り姿勢です。

　これに対して、「能率化」とは、確度を上げ、成果そのものを増やす行為を指します。

早くたどり着くことよりも、より確実に成果を上げることに主眼が置かれるので、途中のプロセスを何段階かに増やすこともあります。

　営業活動でいえば「いつになったら、どういう状況だったら、買ってくれるか」というスタンスです。根気よく何度も商談しながら、顧客の状況を察知し、要望やクレームなど、言葉の裏に隠された根本的な要求は何かを推し量りながら、購入の意思決定へと誘導するという、より高度な満足をサポートするビジネスパートナーの姿勢です。

　図4-3を見てください。従来、「差別化」が重視されるステージにおいては、効率的にコミュニケーションを削減することが重要でしたが、それらはテクノロジー×大資本によって強烈に寡占化されてゆくことになります。

　今後、スモールカンパニーが「特別化」へ向かうステージにおいては、むしろコミュニケーションの品質向上に時間や労力等のコストをかけて成果をより確実にすることの方が重要になってきます。

4-3 古い思考と新しい思考

古い思考	新しい思考
差別化戦略＝効率化	特別化戦略＝能率化
↓	↓
陳腐化する テクノロジー × 大資本 に勝てない	テクノロジー × 大資本 にはできないから チャンス!!

　テクノロジー×大資本が最も苦手なこと、それは、人と人とが直接触れ合って感じるホスピタリティ溢れる信頼関係の構築です。

　ホスピタリティも信頼関係もコミュニケーションなしでは決して生まれませんから、スモールカンパニーの社長は効率主義から能率主義へと思考をアップデートしておくべきでしょう。

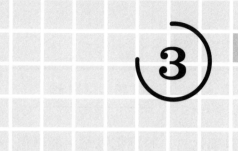

コミュ症パンデミック

　本章の最後にスモールカンパニーが特別化に向かわないもう一つの問題として、マクロ視点でみる「世相の問題」についても見ていきたいと思います。

　今、とてもコミュニケーションが難しい時代になりました。

　昭和時代の前世的な、積極的に相手に働きかけるコミュニケーションスタイルは、相手の受け取り方によっては、ハラスメントとして烙印を押されてしまうので、考えや感覚の違う人々のコミュニケーションが難しい状況です。

　最近では対面でのリアルコミュニケーションはむしろ敬遠され、TwitterやFacebook、LINEのようなSNSが、人々のコミュニケーションの主流になりつつあります。

　対面以外のコミュニケーションの幅が広がり、より個人へのアクセスが容易になった反面、より高度で繊細なコミュニケーション能力が問われるようになりました。

　SNSでは、表現のニュアンスを間違えて発信してしまうと、その後の人間関係そのものが継続できなくなる可能性すらあります。共感を得られれば過剰なまでに熱く

盛り上がり、逆鱗に触れれば激しい誹謗中傷の攻撃にあうという、なんとも極端で、なおかつ脆弱な基盤になっているのです。

　一方で、インターネット上のパーソナライゼーションが進化してきたことで、ユーザーは自分の関心事項以外には触れない、"無関心事項の排除"が進んでいます。

　良くも悪くも、自分の興味のあるコトだけに触れ、同じ価値観を持つ人とだけ、共通の関心事に的を絞ってコミュニケーションをとり、それ以外を完全に排除できる環境の中にいます。

　その環境によって、多くの人が、無自覚に自分の中だけで"世間の常識"をイメージし、自分の価値観に合致するものだけが良いものであると信じて、それ以外を受け入れなくなってきました。

　「普通、こうでしょ？」とか「これが常識でしょ！」というような場合の「こう、これ」とは、気の合う仲間内だけで、もしくは、自分の中だけで育ててきた"正しいと信じている常識"です。

　自分（たち）の中だけで完結している"正しさ"、自分（たち）だけの"常識"なので偏りがちですが、無自覚に関心事以外を排除して生きているので補正されることがなく、その偏りはどんどん大きくなっています。

　言い換えれば、基本的に「閉じた」コミュニティの中だけで完結している価値観なので、「開かれた」社会とのギャップは増すばかりという状態です。

　そして、そういった閉じた価値観に立つ人々は、すべて一人称で物事を発想し、他責思考が強く、相手の立場や意図を汲もうとしないので、建設的なコミュニケーションが成り立たないのです。今、そういう状況があちこちで見受けられます。

　これは、若い世代に限ったことではなく、モンスターペアレントなどの中高年世代にも見られることで、ビジネスシーンにおいても、多くの会社の内外でそういったコミュニケーションギャップが頻発しています。

　SNSなどの新しいコミュニケーションスタイルの普及が、リアルなコミュニケーションギャップを誘発するという状況を後押ししていることは間違いありません。

こういう状況を私は「コミュ症」と呼んでいます。

　よく言われる「コミュ障」は、コミュニケーション障害の略で、主に、対人関係を必要とされる場面で、他人と必要十分なコミュニケーションをとることができないというような医学的な人間の身心障害をいいますが、ここでいう「コミュ症」はもっと社会学的な意味をさし、「**世の中のコミュニケーションは、個人間格差があまりに大きく、重大な齟齬をきたしている**」という状態を表す言葉として使用しています。

　無自覚のうちに、一人称で他責思考に支配されたコミュニケーションによって様々な問題を引き起こすコミュ症。

　今、世の中にはこのコミュ症が爆発的な勢いで社会全体に広がりつつあります。

　この社会的な広がりをみせるコミュ症を知る手掛かりとして、2020年東京オリンピックの問題などはわかりやすい事例と言えるでしょう。

　オリンピックのようなメガイベントではステークホルダーが多いので、どうしてもコミュ症の巣窟のような状態になりやすいのですが、ここでは有名になった問題にだけ触れておきます。

　全世界の人々が感動を共有する大切なイベント、オリンピックの開会式と閉会式が行われる新国立競技場の再建では、イベントの目玉中の目玉、点火シーンの舞台となる聖火台の設置が設計から漏れてしまうという、なんとも笑えないジョークのような珍事が発覚し、建設当時、多くのニュースで取り上げられました。

　コンセプトを「杜のスタジアム」と題して木材をふんだんに使う前提だったため、火を使う聖火台設置のための設計変更をすることもままならず、そのまま建設を進めて、苦しい帳尻合わせの秘策でしのぐという問題が起きました。

　建設の裏側では、一般の人からは見えない難しい問題が潜んでいたかもしれませんが、ここで指摘しておきたいことは、たとえそうであっても、この件に関わっているステークホルダー全員が、事前のプロジェクト目的、ゴールイメージの共有が不十分なまま、参加者各自が

"自分の仕事をした"ことで、結果的に、一番大切な目的からズレてしまったということです。

　顧客（発注者）が発注の目的を正しく伝えて、その仕事で何を網羅してほしいかを伝えることは大切ですが、たとえ顧客からの要望に含まれていなくとも、顧客の目的を理解しようと売り手（受注者）が掘り下げれば、「聖火台はつけないのですか？」という一言が出てきたはずです。

　建設当事者が聖火台の設置という重要事項を知らないまま（知ろうともしないまま）完成してしまい、参加者各自が"自分の仕事は終わった"としてしまう、このような様は、当初目的の解釈を捻じ曲げて決着をつけてしまうという、まさに「コミュ症」の典型ではないでしょうか。

　もし、プロジェクトのスタート時点でお互いにその問題に気づけなかったとしても、プロジェクト進行の途中で、定期的に曖昧事項を排除するコミュニケーションをきちんと行っていれば、お互いにどこかの時点で気づけたはずです。

　こういったコミュ症の蔓延によって、関係者全員が「自分は悪くない」と保身を図りながら、結果的に参加者全員で過失を引き起こすことを"不作為の悪"と言います。

　少子高齢化対策や働き方改革が叫ばれながらも遅々として進まない待機児童問題も、誰がみても明らかなシグナルを見逃し続ける児童虐待事件への対応も、関係当事者が一人称で無責任な駆け引きばかりに終始せず、建設的なコミュニケーションをとりあって目的の共有を行えば、関係者同士の利害や認識のズレを補正しながら解決に向けて加速できるはずです。

　あえて意図したわけではないが、参加者全員の一人称で無責任な保身と怠慢の連鎖によって、良くない結果を引き起こす、こういった不作為の悪は、オリンピックの開催にかかる多額の費用のように、当初見積りを遥かに超えてどんどん膨らみながら社会全体を蝕んでいます。

　私たちスモールカンパニーの社長も社員も、社会の一員として、日々、無自覚に"自分の中だけで完結している価値観"に基づいた言動をとってしまってはいないでしょうか？

単なる報連相だけでは、一人称の対立が続くだけで、社長と社員の価値観や意識、認識のズレを補正することはできません。

　コミュニケーションが難しい時代にはいった今だからこそ、コミュニケーションそのものの価値が高まっています。私たちスモールカンパニーは、それを武器に変えることで顧客との関係性を見直して特別化へ向かわなければならないのです。

　その最初の一歩は、まず社内から、いつも目の前にいる社長と社員たちとの関係性から見直してみてはいかがでしょうか？

第**5**章

社内の関係性を

再構築する

最後の難関。
人の問題、人は問題、
人が問題。

　顧客との関係性を見直して、5段階4ステップを駆け上がり、ロイヤルファンを生み出して特別化へ向かうことが、スモールカンパニーだからこそできる有効な生存戦略であると紹介しましたが、実際のところ、具体的にどこから手をつければよいのか逡巡するところでしょう。

　新しいアプローチをするには、日々の顧客との接点、営業・マーケティングから事務手続き等、直接顧客とコミュニケーションをとる業務から見直すのが近道だとは思います。しかし、いろいろ頑張ってはみたが以前とあまり変わりがない、という残念な結果だけは避けたいところです。

　顧客層からロイヤルファンを生み出して特別化する、ということは生半可なことではありません。

　小手先の対応では到底到達できない領域であり、ライバルひしめく業界の中で、群を抜く関係価値を生み出そうというのですから、なんの準備もなくはじめてもうまくいかないでしょう。前章でも述べましたが、私たちは皆、程度の違いこそあれ「コミュ症」なのですから。

そこで、顧客へのアプローチ準備と社内の経営課題解決の一石二鳥を狙って、まずは社内からはじめてみるというのが、現実的であるといえます。

　社員との関係性を見直して、社内でロイヤルファンをつくります。そして、このロイヤル社員が主役となって顧客へとアプローチすることで、会社全体でロイヤルファン化を推し進めて特別化へ向かう、そんな社風に変革させるのです。

　経営改革ではなく社風改革です。「うちは"こんな"会社です」を新しくつくり直すことから自社のリノベーション（刷新、改革）をはじめれば、改革の入口から社員を巻き込むことができるので軌道に乗せやすくなります。

　経営改革は社長が中心になり、社風改革は社員が中心になって進めるものなので、そのアプローチは全く違います。社長は儲かるビジネスと仕組みをつくり、社員はその仕組みを回して儲ける組織をつくるという役割分担の考え方です。スモールカンパニーは本来、こうあるべきではないでしょうか？

　そして、多くのスモールカンパニーは、万年経営課題
ともいえる三大疾病を抱えています。

・**がん（腐った社員）**
　　──組織の問題：組織の中で静かに増殖し、健全な
　社員に悪影響を及ぼします。

・**心疾患（受注激減）**
　　──営業の問題：徐々に、または突然、受注が減少
　することで、社内が閉塞し、組織が壊死していきます。

・**脳卒中（資金ショート）**
　　──資金繰りの問題：会社の血液である資金が回ら
　なくなり企業生命を直接脅かします。

　私の会社も、私が見てきた多くのスモールカンパニー
も、他にもいろいろな経営課題がありましたが、必ずこ
れら三つのいずれかが課題の根幹に関わっており、長ら
く経営の踊り場で苦しんだ経験をしています。
　この三大疾病の特効薬として今まで主流をしめた改善
施策が「仕組み化」や「見える化」といった業務改革、
プロセスアプローチでした。

　罪を憎んで人を憎まず…人を責めずに事を責める…。

皆さんも聞いたことがある言葉だと思います。それまで特定の人に依存し、支配されていた営業や事務ノウハウなど、業務のブラックボックスに光を当てるルール化を徹底する（システム化やマニュアル化などの定型化、明文化を進める）ことで、多くの企業内部で、業務や組織の課題が劇的に改善しました。

　以前に比べれば、現在のスモールカンパニーの社内はだいぶよくなりました。しかし、まだ同じ課題が根強く残っています。

　なぜでしょうか？

　それは、やはり最後は避けては通れない**人の問題、人は問題、人が問題**だからです。

　実はスモールカンパニーの経営課題において、組織そのものが課題の根源となっています。それはいまだ組織化されてない人たちの“集合”とか“集団”のレベルにとどまっているからです。組織は自立自転しますが、集合や集団レベルでは、社長の号令がないと動きません。
　多くのスモールカンパニーは、社長以下全員歩兵集団となっているので、組織というよりは個の問題になるの

ですが、それは、個人の性格や相性などパーソナリティに関することではなく、人と人の関わり方、つまりコミュニケーションが問題を生み続けているということです。

　例えるなら、道路はきれいに舗装されて走りやすくなったが、その上を走る車のドライバーが問題で、いまだに事故や渋滞が絶えない、という感じです。

　営業活動も社内の業務プロセスも、ITシステムの導入や業務改革で効率化が進み、ずいぶんと良くなりましたが、実行する人そのものの問題は残されたまま、企業は働き方改革による生産性向上が求められています。

　どこの企業でも大なり小なり、組織に問題を抱えていて、人に関わる問題は根深く、解決が難しいものですが、どうにもならないからと言って放置しておける問題でもないので、なんとかしなければなりません。

　社員たちは、社長の考えや経営戦略には一切理解を示そうともしないのに、なぜか一方的に経営に対する不満を募らせて、笛吹けど踊らず。面従腹背、無関心、無責任が組織内にはびこってしまうケースを私は経営改革の現場で多くみてきました。

かつての当社も例外ではなく、義務と責任は果たそうとしないのに、権利行使だけは完璧にこなす社員たちに囲まれながら、上げるのは至難の業なのに、いとも簡単に奈落の底まで落ちていく社員たちのモチベーションと向き合い続け、七転八倒の葛藤の中で、私自身、社長とはどうあるべきか？　を学んできました。

　私は2006年の創業以来、ずっと自社で掲げてきた理念や企業のあり方について、様々な実例にふれながら「本当にそうなのか？」と自問自答してきましたが、多くの支援先と関わるにつれ、やはりそうだ、間違っていない、と確信をもっていえることがあります。これは、創業来、当社のホームページや会社案内に掲載し続けてきた一文です。

　企業とは人材の「成長の場」であり、組織とは人材の「成長を促す環境」であり、事業とは人材の「成長の手段」である。
　企業という「場」で、組織という「環境」が、事業という「手段」を生み出し、人材に成長の「機会」を与える。

　この考えがあったからこそ、創業15年のこの小さな会社で、15年間リピート契約してくださる顧問先をはじめ、多くの支援先と長いお付き合いをさせていただきながら、一緒に成長してきたことを振り返り、本書のキーコンセプトである「関係性を見直して特別化へ向かう」というヒントに気づくことができました。

　今後、スモールカンパニーは商品力で差をつけることはさらに難しくなり、差別化戦略の陳腐化は加速していくことが目に見えています。

　同時に、業界全体を飲み込む破壊的イノベーションが迫っているので、最後の望みは、自らをリノベーションすることで、顧客と特別な関係性を構築し、顧客に別枠扱いしてもらう「特別化」に向かわなければ、安定も成長も望めないということです。

　そのキーファクターは「関係価値」であり、これはコミュニケーション力によって高めることができるわけですから、ここを励まずにはいられません。しかも、ここはテクノロジー×大資本も入ってこれない領域＝「人と人の関係性」なのですが、このことに気づいてもいない同業他社は、もはやライバルではありません。

残された本当のライバルは、自社（自分自身）、つまり社長と社員の問題ということです。

　ですから、ぜひ、今ここから、真のライバルである"わが社"と向き合い、惰性を看過する組織（集団）、慣習、思考を打破してほしいと思います。

　「何をするかではなく、どこまでやるか？」で勝敗が決まる。このことを肝に銘じて特別化へ向けてはじめの一歩を踏み出してほしいと思います。

社員を顧客のように
見立てる

5-1 ㊙社員関係性マトリクス

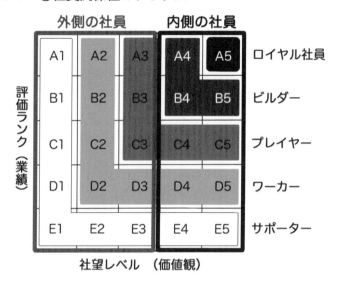

第3章でご紹介した「関係性マトリクス」では、縦軸に売上ランク（RFM分析による売上に関するもの）を、横軸に関係性レベル（顧客との信頼・親密度を示すもの）を表しており、売上結果だけでは見えなかった真の顧客ステータスを把握して、そのステージごとにキメ細やかな対応をしていく、というものでした。

図5−1を見てください。同じように、これを社内に当てはめて考えると、縦軸が業績や業務目標の達成度に

よるランキング（売上に関するもの）で、横軸が社内の人望や価値観共有度を示すレベル（信頼・親密度）となります。

　縦軸は顧客が買った結果（＝社員が売った結果）であり、横軸は縦軸の原因となる、顧客との（＝社員との）会社の関係性（信頼・親密度）というように、顧客と社員を似たような尺度で見ることができます。

　ちなみに、この横軸の指標となる社内の人望や価値観共有度（信頼・親密度）のことを私は「社望」と呼んでいます。

　社内の人を惹きつけ、支持を得る力、会社の価値観に共感する力をもち、単にスキルが高い低いではなく、スキル以上に、会社に期待される魅力ある人のことを「社望」のある人、と呼んでいます。

　ですから、縦軸を「評価ランク」、横軸を「社望レベル」といいます。

　このマトリクス上にも、顧客との関係性を特徴づける四つのゾーンをそのまま適用するのも良いのですが、あまり複雑化すると定義づけで悩んでしまいそうなので、社員との関係性はシンプルに二つに大別するゾーニングにします。

内側の社員（**右側**）：ロイヤル社員候補生。丁寧に育成して将来、ロイヤル社員になってもらう。

　外側の社員（**左側**）：当社事業の協力者。転職予備軍。価値観共有・共感を求めないし、育成もしない。ありのまま働いてもらい、できる活躍をしてもらう。

　また、これから改めて社内の関係性を見直す場合、社内向けマトリクスの縦軸は、従来の評価制度の結果（業績など）をそのまま適用できますので、改めて考えなければならないのは横軸だけです。

　ただし、多面評価等を採用している会社の評価結果を縦軸に据える場合、その評価項目のうち、社内の人望や会社との価値観共有度合いを計る項目だけは抜粋して横軸として別評価項目としておくのがよいでしょう。

　大切なことは、「評価ランク」は定量的な数値による評価結果を使うこと、「社望レベル」は定性的でよいですが、年齢や勤続年数からくる熟練度ではなく、価値観の共有度合いを軸に評価することです。

　たとえ専門知識が乏しくてスキルが低くても、価値観さえあっていれば、その社員は"自社に適応して伸びる人"なので、その人に対する育成投資はいずれ必ず実を結ぶからです。

　横軸は数値化が難しいので、何となくその社員のパフォーマンス実績に基づいて社望が高くなりがちですが、多くの場合において、年齢や勤続年数が多い人ほど、業界知識や実務に熟練しているためにできた実績なので、必ずしも価値観共有度まで高いとは限りません。

　横軸は価値観ベースで測るもの、縦軸は個人のスキルやパフォーマンスで測るものだということを混同しないようにご注意ください。

　仕事のプロは、"わが社"の価値を伝えるプロではありません。

　その仕事に誇りをもっているハイパフォーマーが、必ずしもその仕事の機会を提供してくれる"わが社"にロイヤリティを持っているわけではないからです。

　仕事のプロは、一つの会社に生活依存することを警戒するので、条件次第では、活躍の舞台が他社であっても構わないし、"わが社"にとっても同じレベルのスキルの人がいればそれでよい、という程度の関係性になりがちです。しかし、これでは、縦軸は伸びても横軸は伸びません。

どうしても、横軸「社望レベル」を定性的に計りきれないという場合は、会社にとってどんな社員であってほしいか、会社に対するロイヤリティの高い行動指標を数値化すると良いでしょう。

図5－2は、（これは少し抽象的な定義の例ですが）レベルごとの定義に沿って、そのまま点数としてカウントする方法もあります。

5-2　社望レベル5段階

LEVEL5 〉 **5点** 企業理念を自ら実践し、
他者にも行動に反映する指導ができる

LEVEL4 〉 **4点** 企業理念を説明し、
自らの行動に反映できる

LEVEL3 〉 **3点** 企業理念を暗唱し、その意味を説明できるが、
自ら行動に反映しようとしている

LEVEL2 〉 **2点** 企業理念を暗唱することはできるが、
自らの行動に反映できない

LEVEL1 〉 **1点** 企業理念を暗唱も説明もできない

　ランク、レベルともに定義や指標は、自社の実情にあったものを採用して、自社オリジナルの「㊙社員関係性マトリクス」を作り上げます。

　さらに図5-3は、この横軸「社望レベル」には、顧客のロイヤルファン化と同じく5段階4ステップを適用します。各レベルでの定義は、やはり業種によって違いはありますが、代表的なものとしては次の通りです。

5-3　社望レベルの定義

LEVEL5 ロイヤルファン ➡ ロイヤル社員
会社の価値観を発信し発展させようと努める。転職を考えない。

LEVEL4 得意客 ➡ ビルダー
会社と価値観が一致している。価値観を発信しようと努める。または、そのようにふるまう。役員クラスに多い。待遇や状況次第で転職する。

LEVEL3 リピート客 ➡ プレイヤー
一定の役割を果たす社員。社内での役割・ポジションが決まった社員「〇〇ならAさん！」という状態の人、会社の価値観に共感している。エンゲージメントが高い。

LEVEL2 新規客 ➡ ワーカー
作業員。会社の価値観をよく理解していない。"わが社"を勉強中または"わが社"に興味がない。エンゲージメントが低い。

LEVEL1 見込み客 ➡ サポーター
会社の価値観に関心がない。賃金だけを目当てに働いている。エンゲージメントとは無関係。

そしてここで一点、注意しなければならないことがあります。

それは、**"決して、社員にフィードバックをしてはならない"**ということです。これは社内の人事評価制度とは、別ものだからです。

会社が自社内のステータスを顧客にフィードバックしないのと同じです。もし、顧客に対して「あなたはCランクなので、一つ上のBランクに上がるようにもっと買ってください」と言えばどうなるでしょう。結果は明白です。

あくまでも、社長の、社長による、社長のための「㊙社員関係性マトリクス」として活用します。

一般的な人事評価制度は、会社（人事管理サイド）と社員本人が納得して賃金や役職を決定する制度であり、いわゆる本人に開示する成績通知表のようなものです。

対して、「㊙社員関係性マトリクス」は、社長自身が今まで感覚的に抱いていた社員への信頼度を再評価し、社員の信頼を高めるために、個別戦術を立てるための大福帳、極秘台帳のようなものになります。

　社員との関係性を見直そうとするとき、とくにスモールカンパニーでは、とにかく普段から社長と社員の距離が近いので、日々接して感じているその感覚で人の評価が決まりがちです。

　その人のパーソナリティの評価として「彼（彼女）はあんな人だよね、こんな人だよね」という感じで社長の中で固定概念化されてしまっています。社長の中の社員たちは、日々何の成長もありません。

　しかし、その社長の感覚的固定概念化された評価は、社長と向き合うその社員の性格・気質によるものであって、組織の中で果たしている実質的な役割や価値観の共有レベルを反映していない場合が多いです。

　社長にとって、報連相やレスポンスが良いとか、社長の要求を鋭敏に察知して動いてくれる社員の方が良いに決まっていますが、それは表現力や忖度する能力がある、ということでしかないので、見えない価値観共有度合いや、会社に対するロイヤリティとは必ずしも一致しないことがあります。

社長の前で上手にやる社員と、社長の目の届かないところまできちんとやってくれている社員、どちらが会社に対するロイヤリティが高いのか、ということです。

ロイヤル社員の育て方

さて、社員との関係性に着目して、顧客のステータス評価と同じく社員評価を扱うことで、どのステータスの社員をどう扱うかという、社長にとって悩ましくデリケートな部分を可視化し、戦術的に向き合う土台づくりはおわかりいただけたと思います。

　では、どうやって社員との関係性レベルアップをはかるかというと、基本的に、縦軸は社員の頑張り、横軸は社長の頑張りで伸ばしていくという前提があります。

　縦軸は制度で判定します。会社と社員が納得のいく待遇を決定するための人事評価制度の結果を反映するので、社長が恣意的に調整する必要はありません。
　横軸は社長が判定します。この横軸の5段階4ステップこそ、社長の腕の見せ所であり、より客観的に5段階の指標を組み上げて、いかにして4ステップを引き上げていくか、という社長と社員の関係構築の舞台です。

　社員研修やOJTなどは、会社が制度としてやっているものなので、縦軸を伸ばす取り組みですから、社長が直接関わるこの横軸伸長の取り組みとは別物であるとお考えください。

　そして、この横軸伸長のために社長がすべき取り組みは二つ。

「理念浸透」と「ホスピタリティ溢れるアドバイス」です。

　顧客に選択理由（Why）を提供し、顧客の中で明確な選択理由（Why）を育てるように、社員にも企業理念や事業目的を明確に理解してもらい、「だから、私はこの会社で働いている、だから、当社はこの事業を拡げていきたいのです！」と自分の言葉で"想い"を込めて発信できるように、社員の中で明確な選択理由（Why）を育ててあげなければなりません。

　社内研修や上司の指導だけでは、この"想い"という深い部分までは、なかなか根づきにくいものです。教わった社員自身も実はわかっていないまま、わかった気持ちにはなりますが、"想い"にまで至ってないので、社外に出て、上っ面の薄っぺらな顧客対応をしてしまい、顧客からソッポを向かれてしまう、というシーンは皆さんも遭遇したことがあると思います。

「こういう人、最近、増えてます。」

理念というものは、その言葉や意味は理解できても、社員の中で"自分事"として腹落ちして、"想い"というレベルにまでは、なかなか育ちません。

ですから、理念マスターである社長自身が、社員に対して正面から向き合って共感を得ようとするのではなく、社員の横に並んで社員に共感しながら、社員が呑み込むのを手伝ってあげる必要があります。

またよく、「理念で飯が食えるか」というようなことを言われたりしますが、確かに、理念だけを声高に叫んだところで、それを体現しようとする行動が伴わなければ、文字通り「絵に描いた餅」になってしまいます。ですので、「理念浸透」は必ず実務上での実行が伴わなければ、その力を発揮できません。

そこで、頻度は少なくて良いので、仕事が山場を迎えているタイミングなどを見計らって、社長から社員に対して「顧客には、こうやって接してほしい」と思う態度で、社員に接して実務的なアドバイスなどをすることで、社員に成功体験を積ませることが重要です。

　一言でいえば、ホスピタリティ溢れるアドバイザーに徹して、社員を勝たせる、ということです。

　指導やコーチングはその社員の上司に任せて、社長はよき理解者、よきアドバイザーに徹して、ホスピタリティとはどんなものか？　に触れながら社員に成功体験を積ませることで、社員自身が理念の実践が何たるかを学び、その経験をもとに、自然と顧客にも同じように振る舞えるようになるのです。

「上質に触れ、上質を知る」ということです。

　社員自身が、社長から大切にされるという接遇体験から、ホスピタリティを知り、良い接し方とはどういうものかを知る、というカタチを大切にしましょう。

4

社長、頑張るべからず

　さて、ここまで、スモールカンパニーの社長が社員と
いかにして関係性を見直すか、再構築するかということ
を説明してきましたが、本章の話がすべて机上の空論の
ように思えてならないとか、自分の会社ではできっこな
い、という方がいるかもしれません。

　私自身、実際にこの関係構築のアプローチではまった
く歯が立たない会社をいくつも見てきましたので、万能
でないことは知っています。ぜひ、実践してもらいたい
とは思いますが、無理な会社もあります。そういう会社
が2タイプあります。

　一つは、社内の大半がレベル1のサポーターか、レベ
ル2のワーカーで占めている社員レベルの低い会社。
　もう一つは、日々の振る舞いが横暴であったり、不条
理の塊のような社長が経営する会社です。

　前者のレベルの低い社員が占める会社は、ルールと仕
組みで動かすタイプの会社なので、本書とはまた別のア
プローチが必要ですが、本書の「社員」のところを「幹
部」に置き換えてお読みいただければ、幹部との関係性
を見直すということで適合します。

しかし、後者の難しい社長が経営する会社の場合はより深刻です。

　社員は生活給を目的に我慢している集団になってしまっているので、社長もしくは幹部を含めた会社全体に諦めムードが充満し、不満や敵対心を根深く蓄えているケースが多いです。

　こういう会社では、どんなテコ入れにせよ、相当な時間がかかりますし、何より社風改革という会社の良さを引き出す本章のような優しいアプローチでは、社長自身が我慢できなくなり、自ら改革をはじめて、自らそれを破壊する羽目になって、また社員の信頼を失うでしょう。

　こういう会社の社長は、そのまま社長と社員の給料生産工場として、お金のために社員と我慢比べを続けるか、出家でもして、お金のいらない暮らしを手に入れるかのいずれかしかありません。

　私はこれまで多くの企業経営の現場に深く関わって経営改革を行ってきましたので、無論、多くの社長と会ってきましたが、同時に多くの社員さんにも会ってきました。

経営改革ですから、ちょこっと面談した程度ではなく、長い期間、密接に関わるので、支援先のほとんどの社員さんの顔と名前は一致しますし、性格的なクセや得手不得手、人間関係なんかも熟知することになります。

例えば、経営が傾いた支援先の社内では、不平不満が蔓延し、諦めムードが漂っているので、社長が連れてきた私のような外部のコンサルタントには敵対心丸出し、非協力的姿勢でしか向き合ってもらえません。

そういうところから経営改革が始まるのが定番なのですが、改革が進み、会社が良くなってきたことが社員層に伝わり始めると、なかには、協力者に転向してくれる人も出てきます。

私のような外部のコンサルタントに協力してくれる改革に前向きな社員さんは、問題意識が高く、会社の価値観に対する共感度合いが高く、会社に対する“想い”が強い優良社員です。

しかし、なぜか残念なことに、社長にはわかってもらえてない“報われない社員”だったりします。

「㊙社員関係性マトリクス」でいえば、レベル3のプレイヤーやレベル4のビルダーの素質があるのに、なぜか社長評価はレベル2のワーカー扱いされている人たちです。

そんななぜか報われない社員たちが、私に心を開いてくれた時に、異口同音に必ず相談されることがあります。

「うちの社長、何とかなりませんか…」

これは普段、社内では決して口に出して言わないだけで、ずーっと思っていた社員の本音だと思います。**社長が社内の組織や社員に問題を感じている時、それと同時に社員たちも会社の経営や社長に問題を感じている**、という状況をたくさんみてきました。

神輿として担ぎたいと思える社長かどうか、社員たちは常に見ています。恐らく、多くの企業に当てはまるマーフィーの法則のようなものだと、私は感じています。

確かに多くのスモールカンパニーには、スキルもモチベーションも意識も低いうえに、保身ばかりを考える他責思考の権化のようなダメダメ社員もいます。

しかし、残念ながら、そういう問題社員を社長にはどうすることもできません。

大切なことは、そういう問題社員に目を奪われずに、**想いを秘めた報われない社員の声なき声に耳を傾けて、本当に価値観を共有している社員に活躍の場とそれに見合った待遇をする**ということです。これは、まだできているスモールカンパニーは少ないと思います。

そんな社長にエールを贈ります。

「社長は頑張らず、踏ん張る。」

社長はビジョンを掲げて進路をとり、何があってもどんと構えて踏ん張って、決して社員に狼狽を見せず、社員の頑張りを応援してあげれば、どんなに窮地に立たされたとしても、必ず会社はうまくいきます。

強いて言えば、社長が頑張るのは社外活動です。
トップセールスや発注先探し、視野拡大・思考発展のための情報収集や勉強など、社長だからこそできることが社外にはたくさんあります。

社内のことは社員に頑張ってもらえば良いのです。

たとえ、社員が何かで失敗したり、問題を起こしたりしても、社長の望んだ状況と違った時こそ、どんと構えて踏ん張る。たとえ、心の奥歯をギシギシ言わせていたとしても、そこが踏ん張りどころ、社内ではホスピタリティ溢れるアドバイザーに徹して社員を勝たせてあげるのです。

そして、成果も手柄もすべて社員にあげればいい、として、どんどん社員に成功体験を積ませていけば、最終的には"社員が成果を上げまくる会社"の社長をやっている、という最大の成果を手にすることができるのは社長自身なのですから。

社長は孤独な熱狂者。

社長は社内の誰よりも会社や事業を想い、リスクを負って可能性に人生を賭して奮闘しているので、社員とは最初から熱量が段違いです。

そんな社長が社内で頑張りすぎると、社員との温度差から、空回りして消耗してしまい、結局、社員共々具合が悪くなるだけでろくなことが起こりません。

　頑張り屋さんの社長が、変にやる気を出して社内で奮闘すると、社員の積極性、やる気を削いでしまいます。

　例えて言うなら、自分（社員）がカラオケで、やっと番が回ってきて気持ちよく歌い始めた時、社長が歌っている自分よりも超ハイテンションに、大声で叫びまわりながらタンバリンを叩きまくられたら、どうでしょうか。それと同じです。

　今、世の中に「コミュ症」が蔓延し、自分の好きなもの、興味あることにしか触れないという隔絶環境が私たちを覆い始めました。
　SNSに代表されるデジタル社会の広がりとともに、閉塞していく人と人の関係の中に横たわる"温もり"があることに、人々は無意識的に気づき始めているように思います。

　人と人の間にデジタルコミュニケーション・ツールが介在し始めたことで、効率は格段に上がり便利になりましたが、その反面、コミュニケーションそのものが難しく脆弱なものになり始めています。

そうした中で、デジタルを介さないリアルなコミュニケーションがもつ温もりは、人の心を寛容にし、人々のつながりをより強くしてくれる"特別なチカラ"を持ち始めました。

　この特別なチカラは、破壊的イノベーションにも負けず、景気後退にも負けず、ライバルとの競争にも負けず、ハラスメント告発が吹き荒れる極端な是正社会の風潮にも負けず、私たちスモールカンパニーを顧客と社員、そして社会に必要とされる理想の企業の姿へと導いてくれる不思議なチカラだと、私は感じています。

　これは、有名な近江商人の心得でいう「三方よし」の状態に近づけてくれるスモールカンパニーにとって理想的な存在意義を見出すチカラだといえます。

「三方よし」とは、「売り手良し、買い手良し、世間良し」の三つの「良し」のことで、売り手と買い手が双方とも満足し、さらにそれが地域の発展や社会貢献になるものが良い商売である、という意味です。

　スモールカンパニーにとっての「三方よし」の心得は、「特別化」へ向かう道程で社内外のコミュ症を改善し、より良い関係性を構築することではないでしょうか。

　ひとえに会社といっても、その実は、考え方や立場の違う人たちがお金のために集まった単なる集合であったり、共通の目的や目標を掲げながらも、人間関係がギスギスしていてバラバラに行動する迷走集団であったりする場合が多いものです。

　共通の目的や目標に向かって役割を分担しながら協力し合う本当の意味での組織化は、スモールカンパニーにとって、元来、最後の難関といえるほど難しいものでしたが、コミュ症時代に突入した今、さらに難しさが増してきています。

　しかし、この世間一様にして難題である組織化の問題と顧客との特別な関係構築は、表裏一体の関係にあり、実は社長の意識、思考一つで他社が容易にまねできない武器に変わるということに、いち早く気づいて、この武器を手にするべきでしょう。

　一日でも早く、社内外の関係性を見直して、ロイヤルファンを生み出す取り組みを「社長の孤独で楽しい熱狂ライフ」に組み込んで、残存者利益の果実を手にしてほしいと思います。

　まずは小さな一歩を踏み出しましょう。私たちスモールカンパニーに残された時間は、あと僅かしかありません。

エピローグ

　本書は、私自身の創業当初から現在に至るまでの経験
や教訓から得た学びをまとめたもので、過去の教訓を活
かして現在に警鐘を鳴らし、新しい未来へと鼓舞する目
的で書きました。

　とくに支援先のたくさんの事例をよく思い返し、事例
と持論に齟齬がないかよく確認しながら書き進めたので、
執筆を企画してから発売までに2年間という時間を要し
ましたが、この執筆を通して、私たちスモールカンパニ
ーが目指すべき普遍的な方向性を、改めて確認できまし
た。

　私自身の創業当初を思い返してみると、当社事業は「営業代行」からスタートしたのですが、その当時、「営業代行」を看板に掲げている会社はすでに多くあり、当社は完全に出遅れた後発組でした。

　そこで当社は、厳しい受注競争に打ち勝つべく、サービスの差別化を狙って、顧客に対して同業他社と比べてかなり高いコミットメントをしていました。

　当時の営業代行といえば、商談のアポ取りや商品説明だけを代行するといった営業業務の上流工程のみを請け負って見込み客を紹介するという、今でいうところの「リードナーチャリング」でした。

　しかし、当時はまだ、マーケティング・オートメーションという言葉すら一般的ではなかった時代ですので、営業といえば売ってなんぼ、引き合い件数なんてどうでもいい、という顧客の感覚が大勢を占めていました。

　実際にいくら売れたのか？　が露骨に問われた時代だったので、顧客の期待はあくまでも「受注確定」。

　しかし、営業代行サービスの提供側（売り手）は「見込み客の取次までしかできない」ということで、顧客とのギャップは大きいものでした。

　同業他社がアポ取り代行や見込み客探しだけの浅い営業に終始したのには実は理由があって、外人部隊である営業代行屋は、商品の専門性や業界知識では顧客側社員

に及ばないので、どうしても、見込み客の取次くらいまでしかできなかったのです。

　さらには、顧客側社員も、自分たちの営業成績のことを考えると、受注効率の悪い見込み客探しという面倒な業務は誰かにやってもらいたかったから、発注者である顧客側経営陣の期待とは裏腹に、現場ではWIN＝WINの関係が成立しやすかったという事情もありました。

　これに対して、当時の私は、後発組である当社は際立った差別化が必要だと思い込んでいましたので、販売目標に対する受注確定件数と金額までコミットするという、とてもハードルの高い営業プロジェクトを請け負ってしまい、随分と苦労をしました。

　受注要因が必ずしも営業マンの努力だけによらないにも関わらず、無理に高いコミットメントをしてしまっていたのです。

　もちろん、できるだけ私自身が知識や経験のある業界を狙って営業案件を受託していましたが、それでも「売れなければ当社の実入りはゼロ＝即、倒産」という大ピンチが常につきまとっていたので必死でした。

　常に情報をかき集め、猛勉強しながら勝ちパターンを

探り、苦しみもがきながら営業で走りまわる、というのが、創業当初の私の日常でした。

　当時から財務諸表上の収支は黒字でしたが、もし、実工数ベースで計算していたら、実際はどのプロジェクトも調査・学習などの事前準備工数がかさんでいたので大赤字だったと思います。

　おそらくどこの同業他社でも、絶対にここまではやらないだろう…というレベルまで、コスト度外視で事前準備をしてプロジェクトに臨んでいましたし、プロジェクト実行中も常に調査・検証・学習を執拗にやり続けていました。

　もし、生まれ変わったら、二度とやりたくはない日々です。

　しかし、長い目でみると、この苦労の日々が自分のスキルアップになり、様々な業界の裏事情に触れ、業界知識や独特の慣習や相場を知ることができ、七転八倒しながらも経験と実績を積んで、今日の自分をつくりあげた土台となっているように思います。

　おかげで調査と検証、そして学習という基本姿勢は、今日まで続く習慣となって定着しています。

　同じことでも、ライバルが絶対にやらないというところまで執拗にやって、勝つ。

この勝利を繰り返して、私は今日まで生き延びてきました。

　創業前の勤め人時代の下積み経験を活かして創業したつもりでしたが、振り返ってみれば、この当時もまだ「下積み時代」だったのだと思います。

　その後、徐々に営業案件を請け負って、自ら受注に走るというスタンスから、支援先の社員さん自らが受注高や利益をアップできるように指導するというスタンスへと移行していきました。
「自分が勝つ」だけではなく、「顧客を勝たせる」というスタンスへのシフトアップです。

　一般的にみると、当業界でもイノベーションは進んでおり、近年、人材による当たりはずれの多い営業マンパワーに対する市場ニーズは激減しました。

　今となってはバーチャルを主体としたマーケティング・オートメーションの時代であり、人が汗をかくリアルな営業の時代は終わりました。

　"売れる営業マン"は激減し、私たちのようなプロ営業マンたちは、今や絶滅危惧種に指定される寸前です。

　営業代行の事業で、いくら必死に差別化をはかったところで、その仕事を請けることはできなくなってきています。

　営業代行というニッチな業界では、差別化戦略が終わりを告げ、マーケティング・オートメーションに塗り替えられてしまったからです。

　これは、当業界も漏れなく、本書で紹介した第2章のメカニズムのとおり推移しているということになります。

　こんな業況において当社はというと、今では顧客を勝たせる経営コンサルティングをメインサービスにしているのですが、それでも有り難い話ですが、過去に支援したお客様や、そこから紹介される営業支援のご相談は続いています。

　この点においては、当社も支援先とともに「特別化」に向かって歩みを進めていけているのではないかと思います。

確かに苦労は多かったのですが、営業代行という、他社の製品を社員になりかわって売る、という特殊なサービス形態での豊富な実践経験があり、それをやり抜いて、生き抜いてきたからこそ、今、この業界での残存者利益を享受するポジショニングができました。

特別化に至り、残存者利益を得る。

これは、実は誰でもどの会社でもできることなのですが、誰もやろうとしません。

現代は"コンテンツの大爆発"が起きているので、インターネットでは有益な情報や体系化された様々な学習コンテンツがオープンに流れており、安価に、または無料で誰でも手に入れることができるようになりました。

その気になれば、すぐに何でも知ることができるし、体系的に学習できる環境があります。

やろうと思えば何でもできてしまう時代なので、要はやるかやらないか、だけの話なのですが、多くのスモールカンパニーの社長は、先入観を捨てきれず、古い常識に縛られた関心事にしか興味を示さないので、どんどん"世間知らずの高枕"になっています。

　最近は不思議なことに、大企業は焦って必死になっていますが、スモールカンパニーはのんびりと構えています。以前は真逆でした。

　多くのスモールカンパニーが"ゆでガエル"になりつつある、と私は危惧しています。

　どの業界でも、短期的な利益を争って差別化に猛進したスモールカンパニーは消えていっています。生き残って安定感をみせているスモールカンパニーの多くは、顧客に対する高いコミットメントと長い付き合いを前提とした取り組みをしている企業です。

　スモールカンパニーがパラダイムシフトして、破壊的イノベーションの到来に備える「特別化」への道は開かれています。

　今はまだ、そのチャンスが残されています。

　ご縁あって、本書に触れていただいた読者の皆さんには、本書を通じて、「特別化」への一歩を踏み出して、顧客や社員との関係性を見直すキッカケにしていただければ望外の喜びです。

著者より

【著者略歴】

原田将司（はらだ・しょうじ）

リソースアクティベーション株式会社（経営コンサルティング）、株式会社ことぷろ（IOT開発）両社の代表取締役

兵庫県芦屋市出身。中京大学経営学部を卒業後、証券会社に入社。営業トップ成績を経験した後渡米。米国ニューヨークの大学へ通いながら空手道場を経営。社会貢献活動では、ガーディアン・エンジェルス世界本部の格闘技アカデミーで格闘技指導教官を務める。プロ格闘家への夢とビジネスでの成功をどうにか両立させたいと試行錯誤する最中、911同時多発テロに遭遇、事件当初からレスキューチームに参加。現場の惨状を目の当たりにしたことで人生観が一変。生かされている自分の命の使い方を真剣に考え始める。帰国後、ベンチャー企業向け営業支援事業を立ち上げ、数々の新規事業立ち上げを成功に導く。2006年経営コンサルティングの「リソースアクティベーション株式会社」を設立。「経営資源の再起動。」をコンセプトとし、数々販路開拓・新規事業プロジェクトを成功させている。支援先の事業承継（M&A）にも積極的に貢献し、2016年「株式会社ことぷろ」を事業承継、代表取締役に就任。後継者不足に悩む事業会社を直接承継し、経営実務を担うビジネスモデル構築に挑戦中。現在、東京都新宿区神楽坂に拠点を構え、IOT開発事業と並行して全国各地の企業を経営支援しながら講演活動を展開している。

スモールカンパニー
「最速のブルー・オーシャン戦略」

2020年4月11日　初版発行

発　行　**株式会社クロスメディア・パブリッシング**

発 行 者　小早川 幸一郎

〒151-0051　東京都渋谷区千駄ヶ谷4-20-3 東栄神宮外苑ビル

http://www.cm-publishing.co.jp

■本の内容に関するお問い合わせ先 ……………… TEL (03)5413-3140 / FAX (03)5413-3141

発　売　**株式会社インプレス**

〒101-0051　東京都千代田区神田神保町一丁目105番地

■乱丁本・落丁本などのお問い合わせ先 ……………… TEL (03)6837-5016 / FAX (03)6837-5023

service@impress.co.jp

（受付時間　10:00～12:00、13:00～17:00　土日・祝日を除く）

※古書店で購入されたものについてはお取り替えできません

■書店／販売店のご注文窓口

株式会社インプレス　受注センター ……………………… TEL (048)449-8040 / FAX (048)449-8041

株式会社インプレス　出版営業部……………………………………… TEL (03)6837-4635

カバーデザイン　城匡史（cmD）　　　　　　図版作成　八鳥ねこ（konoha）

本文デザイン　安井智弘　　　　　　　　　　校正・校閲　konoha

印刷・製本　株式会社シナノ　　　　　　　　ISBN 978-4-295-40347-0 C2034

©Shoji Harada 2020 Printed in Japan